アレンジ たっぷり
パネルシアター

はじめに

　子どもたちは楽しいことが大好き。パネルを前にすると、これから見せてもらうパネルシアターを、期待いっぱいの表情で待ちます。「どんなパネルシアターが始まるのかな…」「歌かな、クイズかな、お話かな…」「この前、先生が見せてくれたような楽しいのがいいな…」などといった想いの顔が並びます。

　パネルシアターのよさは、オープンな空間でリラックスして楽しめるところにあります。身近な先生が演じてくれるので、子どもたちは安心して楽しめます。誕生会やさまざまな集会で楽しむのも悪くありませんが、パネルシアターの本領が発揮できるのは日常の保育の中。子どもたちひとりひとりの声をみんな受け止めることができるからです。子どもたちと「いいことに気がついたね」「絵本で見たことあるからわかったんだ。すごい!」「優しいね…。みんながそんなふうに感じてくれて先生うれしいな」このようなプラスの言葉を多く使いながらふれあうことができます。楽しみながら保育者や友達と心の交流が深まり、子どもたちにとって満たされたひとときになります。

　楽しいことは家庭にもつながります。「先生のトロルの声恐かったんだよー」「今日、先生が新しいパネルシアター見せてくれたんだ」「明日はまおちゃんの誕生日だから、みんなでまおちゃんパネルを作ったんだ」こんな声を保護者の方が耳にしたら「毎日園が楽しそう」と、保育者に信頼を寄せてくれます。思い切りよい笑顔で子どもたちと楽しくふれあってください。

阿部　恵

 # この本の特長

この本はアレンジがたっぷり！
今までにない
すぐれものです。

その1 アレンジで2倍3倍楽しめる

その2 お手軽ハンドパネル

その3 保育者アンケート

この本は保育者のアンケートをもとに内容や章だてを構成した、現場発の本です。だから保育者の味方です。

内容紹介（ないようしょうかい）

お手軽なちょこっとシアターから本格的なものまで盛りだくさん。出し物はこれでばっちり!

1 ハンドパネルで楽しもう

お手軽カンタンなハンドパネルのさまざまな使い方をここでは紹介しています。新学期や実習での自己紹介もばっちり!

- 自己紹介パネル／アレンジ+4
- お天気パネル／アレンジ+3
- 生活いろいろパネル／アレンジ+5

2 ハンドパネルで遊ぼう

ゲームやクイズ、うた遊びなど、ハンドパネルで子どもたちと遊べる作品を紹介しています。
アレンジでたくさん遊べるようになっているので、何度でも楽しめます。

- うた遊び／アレンジ+9
- ことば遊び／アレンジ+2
- ジャンケン遊び／アレンジ+1
- クイズ遊び／アレンジ+1

3 パネルシアターを演じよう

基本パネルを使った作品を紹介しています。誕生会などの集会やふだんの保育でも大活躍まちがいなしの作品ばかりです。

- 基本の作品5作品
- アレンジ+4

CONTENTS（コンテンツ）

- **1** はじめに
- **2** この本の特長
- **3** 内容紹介

① ハンドパネルで楽しもう

- **8** はじめまして よろしくね！ 〈自己紹介パネル〉
- **10** ちょこっとアレンジ　**1** 園には先生がたくさん　**2** 楽しい遊具がいっぱい！　**3** 動物さんもいるよ！　**4** 今日生まれたお友達

- **12** 今日のお天気なあに 〈お天気パネル〉
- **14** ちょこっとアレンジ　**1** お天気が変わったら　**2** お当番活動として　**3** お天気マークをもっと増やそう

- **16** 楽しく伝えよう 〈生活いろいろパネル〉
- **18** ちょこっとアレンジ　**1** お当番パネル　**2** お着替えパネル　**3** お知らせパネル　**4** 絵本・紙芝居パネル　**5** カウントダウンパネル

② ハンドパネルで遊ぼう

- **20** みんなで楽しくうたおう 〈うた遊び〉
- **22** ちょこっとアレンジ　**1** 夏　**2** 秋　**3** 冬（各3）

| 24 | ごろあわせ　今日は何の日 | ことば遊び |

| 27 | ちょこっとアレンジ | 1 家庭につなげる |
| | | 2 子どもと楽しめるごろあわせの日 |

| 28 | げんこつ山のたぬきさん | ジャンケン遊び |

| 31 | ちょこっとアレンジ | 低年齢の子どもたちの場合には |

| 32 | シルエット　クイズ　クイズ | クイズ遊び |

| 34 | ちょこっとアレンジ | バリエーションたくさん |

❸ パネルシアターを演じよう

| 36 | お誕生日のしゃぼんだま | 誕生会 |

| 40 | ドレミのうたで遊ぼう | 集会・いつでも |

| 45 | ちょこっとアレンジ | 1 スピードの変化で |
| | | 2 絵人形を作ってみよう |

| 46 | ゆかいなバスごっこ | バス遠足・いつでも |

| 51 | ちょこっとアレンジ | 歌詞を少し変えて |

CONTENTS

- **52** びっくりおいも 〈秋・集会・いつでも〉
- **58** 三匹のやぎ 〈集会・いつでも〉

パネルシアターを作ろう！演じよう！

- **66** 絵人形の作り方
- **67** 絵人形の保存方法 パネルの作り方
- **68** 舞台設定のポイント
- **69** ハンドパネルの使い方
- **70** 演じ方のポイント

型紙

- **72** はじめましてよろしくね!
- **73** 今日のお天気なあに
- **75** 楽しく伝えよう
- **76** 楽しく伝えよう アレンジ
- **77** みんなで楽しくうたおう
- **79** ごろあわせ 今日は何の日
- **80** げんこつ山のたぬきさん
- **81** シルエット クイズ クイズ
- **83** お誕生日のしゃぼんだま
- **85** ドレミのうたで遊ぼう
- **87** ゆかいなバスごっこ
- **89** びっくりおいも
- **93** 三匹のやぎ

① ハンドパネルで楽しもう

パネルシアターというと、製作も舞台設定もたいへんで大がかり…。
しかしここでは、お手軽かんたんで、いつでもできる
ハンドパネルシアターを紹介します。
自己紹介やお知らせのときに使ったり、保育室環境として設置したり、
展開しだいでいろんな楽しみ方ができます。

① ハンドパネルで楽しもう　自己紹介パネル

はじめまして よろしくね！

所要時間 **3分**

楽しいハンドパネルシアターは自己紹介にピッタリ。
保育者が子どもたちに見える形でよく伝わります。

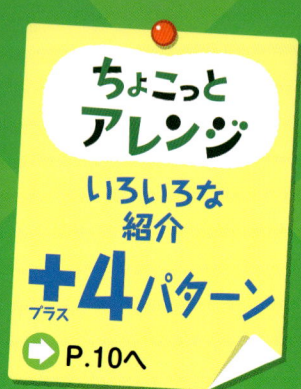

ちょこっとアレンジ
いろいろな紹介
＋4パターン
→ P.10へ

用意するもの

絵人形
- 保育者自身の絵
- 名前のカード
- 好きな食べ物
- 好きな乗り物
- 好きな童謡　など

→ 型紙はP.72

演じ方のポイント

★利き手で絵人形の操作をするため、利き手ではないほうでパネルを持ち、肩に当てて安定させます。
★子どもの反応に合わせた、楽しい会話とテンポで展開しましょう。

〈演じ方〉

○四角いハンドパネルを見せて肩に当てて持つ。

保育者　○○組さん、こんにちは。

（子どもたちのあいさつを受けて）
○名前のカードを下から順にセットしておき、手前から反対方向にスライドさせながら。

保育者　はじめまして。
先生の名前は「あ・べ・ゆ・き・の」といいます。よろしくお願いします。
「ゆきの先生」と呼んでくれるとうれしいな。
一度「ゆきの先生」と呼んでみてください。
いっしょにね。
さん、はい！

子どもたち　「ゆきのせんせい！」

スライド
あ・べ・ゆ・き・の

2

| 保育者 | はーい！
ステキな声で呼んでくれてありがとう。 |

○保育者自身の絵人形を出しながら。

| 保育者 | これは先生が描いた自分の絵です。
似ているかな？ |

（子どもたちの反応を受けて）

| 保育者 | わぁ、似ている？
褒めてもらってよかった。
うれしいな。 |

3

○オムライス・イチゴ・アイスクリームを出しながら。

| 保育者 | 先生の好きなたべものは、
お母さんの作ってくれるオムライス。
好きな果物はイチゴ。
アイスクリームも大好き。 |

（子どもたちの反応に応じて会話をする）

4

○飛行機を出しながら。

| 保育者 | 好きな乗り物は飛行機。
でもまだ2回しか乗ったことがないんだ。 |

（子どもたちの反応を受けて会話をする）
○サル（アイアイ）を出しながら。

| 保育者 | 好きな歌は『アイアイ』。そうだ、
みんなで歌ってくれるとうれしいな。 |

（子どもたちと『アイアイ』（作詞／相田裕美　作曲／
宇野誠一郎）を歌う）

| 保育者 | わあ、みんなじょうず。
これから毎日たくさん歌おうね。
先生の名前はもう覚えてくれたよね。 |

（子どもたちの反応を受けて）

| 保育者 | そう「ゆきの先生」です。
よろしくね！ |

ちょこっとアレンジ　いろいろな紹介 ＋4パターン

園にいる職員や園内の環境など、ハンドパネルを使っていろいろ紹介してみましょう。

アレンジ1　園には先生がたくさん

〈演じ方〉

園長先生やほかのクラスの先生、事務の先生、通園バス担当者など。園の関係者を少しずつ紹介していきましょう。

保育者　男の人でまあるいお顔、
メガネを掛けていて、
いつもニコニコ笑顔の先生は、
バスのパンダ号を運転してくれている
伊藤先生です。
みんなが安心して乗れるようにいつも
安全運転をしてくれています。

アレンジ2　楽しい遊具がいっぱい！

〈演じ方〉

園庭の花壇や遊具などを紹介してみましょう。
新入園児には安全な場所や遊具から
徐々に紹介してもいいですね。

保育者　今、花壇にはきれいなお花がたくさん
咲いていますよ。こんなお花です。

アレンジ3 動物さんもいるよ！

〈演じ方〉

園で飼育している動物も紹介してみましょう。
新しい環境に不安を抱えた新入園児には、
行ってみたい安心できる基地になります。

保育者 園にはね、いろんな動物さんがいます。
みんなの大好きな…。

（絵人形を出して反応を見てから）

保育者 そうです。ウサギさん。

アレンジ4 今日生まれたお友達

〈演じ方〉

クラスの子の誕生日に、オリジナルパネルを作って、
みんなに紹介をしながらお祝いをしてあげましょう。

（みのりちゃんの絵人形を出しながら）

保育者 今日は、まるやまみのりちゃんの
4歳の誕生日です。
みのりちゃんは4年前の

（10がつ15にちの絵人形を出しながら）

保育者 10月15日に生まれました。
とっても元気の良い赤ちゃん
だったそうですよ。
みのりちゃんの好きな色は…

① ハンドパネルで楽しもう　お天気パネル

今日の お天気なあに

所要時間 3分

朝の集まりは、お天気パネルでスタート。
日付や曜日、お天気を話題にしてみましょう。

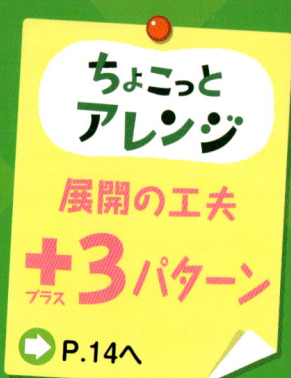

ちょこっとアレンジ
展開の工夫
＋3パターン
➡ P.14へ

用意するもの

絵人形
- 1〜12（月）
- がつ
- 1〜31（日）
- にち
- たち
- か
- げつ ・か
- すい ・もく
- きん ・ど
- にち
- ようび
- はれ ・くもり
- あめ ・かみなり
- ゆき

1 2 3 4 5 6 7
8 9 10 11 12 0

➡ 型紙はP.73-74

演じ方のポイント

★子どもたちと今日の日付や曜日を確かめながら、構成していきます。
★日の読み方やお天気の話題など、そのつど話していきましょう。

〈演じ方〉

○昨日使っていたお天気パネルを持って。

保育者　みなさん、昨日は
「じゅうがつむいかのすいようび」
でした。今日は…。
（子どもたちの反応を受けて）

じゅうがつむいかのすいようび

2

|保育者| いろいろ出ましたね。

○用意した7・もくとはり替えながら

|保育者| 今日は、
「じゅうがつなのか、もくようび」です。
「なあにち」とか「しちにち」と
読まないで、「なのか」というんだね。
いっしょに言ってみましょう。

|子どもたち| 「じゅうがつなのか、もくようび」

|保育者| そうです。

いっしょに言ってみましょう

3

|保育者| お天気はどうでしょう?

|子どもたち| 「今日は晴れ!」
「いいお天気!」
「気持ち良いお天気!」
「秋晴れ!」

○くもりを外し、はれをはりながら。

|保育者| そうですね。昨日は曇りだったけど、
今日はよいお天気です。
お空が澄み渡って気持ちの良い
秋の晴れの日を「秋晴れ」と
いうのでしたね。

今日はよいお天気です

4

|保育者| 今日は1日中、秋晴れの
よいお天気という天気予報ですから、
ミニ運動会でたくさん遊びましょうね。

おしまい

たくさん遊びましょうね

ちょこっとアレンジ　展開の工夫 ＋3 パターン

保育者が演じるだけでなく、子どもが参加したり、
保育室環境として使ったり、いろんな展開ができます。

アレンジ 1　お天気が変わったら

〈演じ方〉

お天気パネルを壁に掛けたり、
シール台のような手の届くところに
立てたりしておき、
途中でお天気が変わったら、だれでも
自由にはり替えてもよいことにしておきましょう。

アレンジ 2　お当番活動として

〈演じ方〉

年長児でしたら、
お当番の活動にもなります。
日付やお天気をみんなの前で話すことで、
発表する力をはぐくむ活動にもなります。

アレンジ3 お天気マークをもっと増やそう

〈演じ方〉
晴れのち曇り・曇りのち雨・台風・霧・霧雨など考えて子どもたちと作ってみましょう。

パネルシアター用不織布にクレヨンで描いて切り取ると絵人形のでき上がり。

〈イラストカット〉 型紙は、**300%くらい拡大**して使用してください。

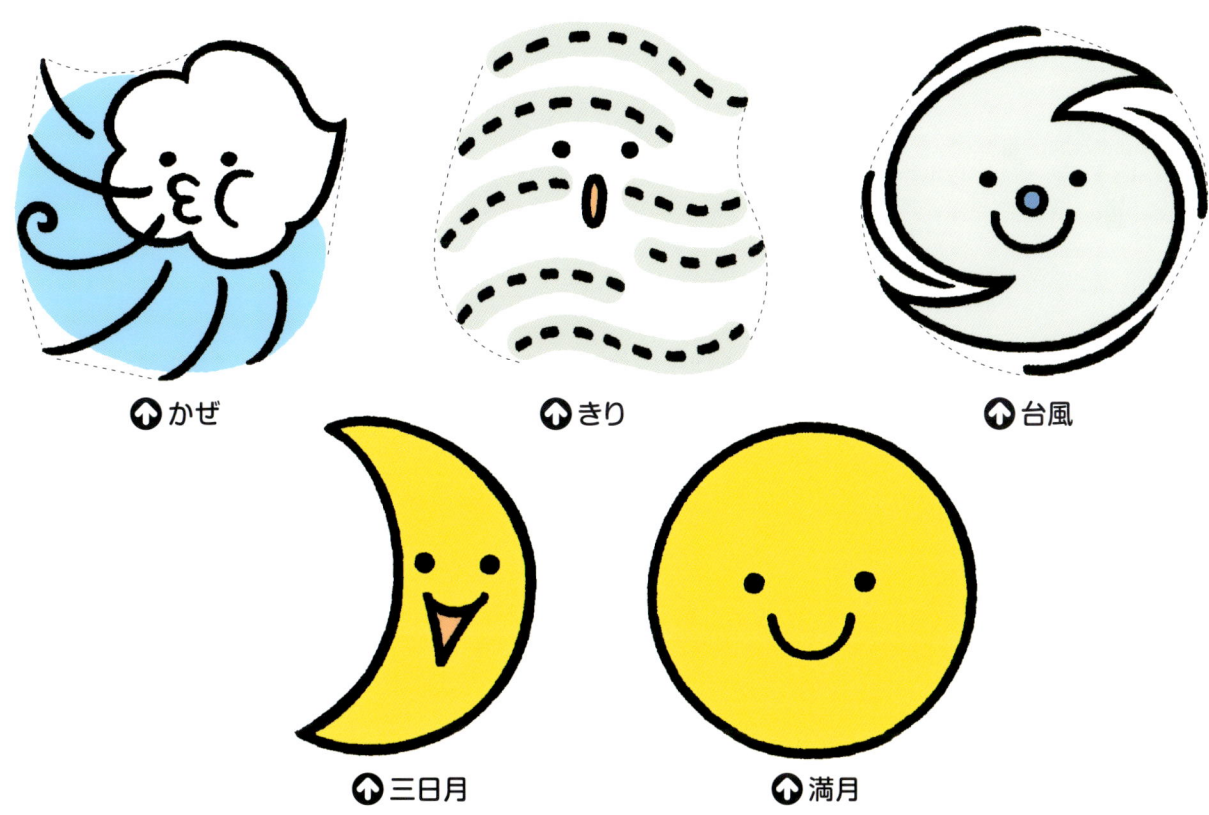

⬆かぜ　　⬆きり　　⬆台風

⬆三日月　　⬆満月

① ハンドパネルで楽しもう　生活いろいろパネル

楽しく伝えよう

園生活の中には伝えたいことがたくさん。
言葉だけ出なく絵があるとより伝わりやすくなります。

所要時間 **1〜3分**

ちょこっとアレンジ
展開いろいろ **＋5パターン**
→ P.18へ

用意するもの

絵人形
- おべんとう
- コップ
- 水着
- 体操着
- スモック
- ハンカチ・ティッシュ
- ぼうし
- タオル

→ 型紙はP.75-76

演じ方のポイント

★園の状況に合わせて絵人形を増やしたり、デザインを変えたりして使いましょう。
★子どもたちの反応を受けて、楽しい会話で展開しましょう。

〈演じ方〉

「持ち物なあに」

保育者　明日はみんなが週に1度、とても楽しみにしている…。

子どもたち　「おべんとうの日」

○おべんとうを出しながら。

保育者　お母さんが朝早くおきて、心を込めて作ってくださいます。忘れないでくださいね。そうそう、先週コップを忘れた人が何人かいましたね。

忘れないでくださいね

○コップを出しながら。

| 保育者 | コップも忘れないでくださいね。今日のうちに、お母さんにお願いしておくといいでしょう。

「持ち帰り確認」

| 保育者 | みんなプールバッグを見てください。

○水着を出す。

| 保育者 | 水泳帽は入っていますか？

（確認しながら）

| 保育者 | 水着は入っていますか？

（確認しながら）

○タオルを出しながら。

| 保育者 | タオルは入っていますか？

（確認しながら）

| 保育者 | だいじょうぶですね。プールカードはお帰りのときに、カバンに入れます。それではロッカーに掛けましょう。

ほかにも着替えについて伝えたり、自分の持ち物に名前を書くことを約束したり、いろいろな場面で使えます。

ちょこっとアレンジ 展開いろいろ＋5（プラス）パターン

ハンドパネルは持って演じるだけではなく、
保育室環境としても使えてとっても役だちます。

アレンジ1 お当番パネル

子どもが描いた
似顔絵でお当番

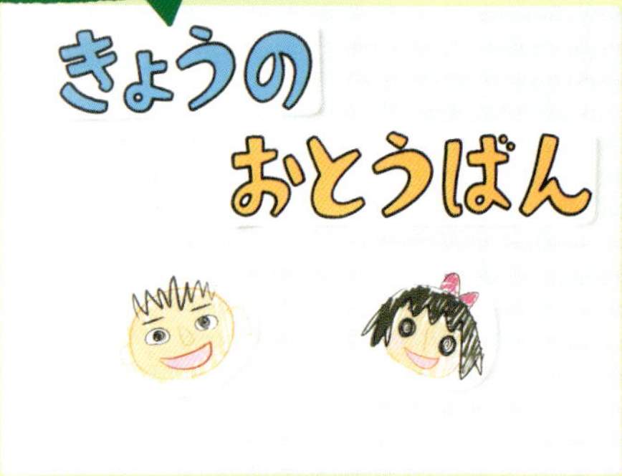

きょうの
おとうばん

アレンジ2 お着替えパネル

次の活動の指示にも

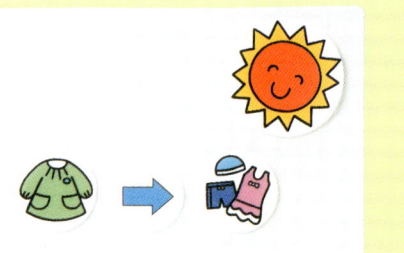

アレンジ3 お知らせパネル

祝日などのお休みも
パネルを使って

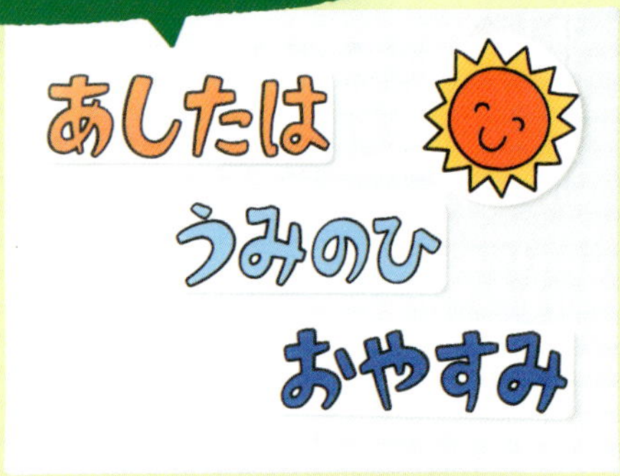

あしたは
うみのひ
おやすみ

アレンジ4 絵本・紙芝居パネル

今日読む、または
読んだ絵本や紙芝居を紹介

きょうの えほん
どうして あめが ふらないの？

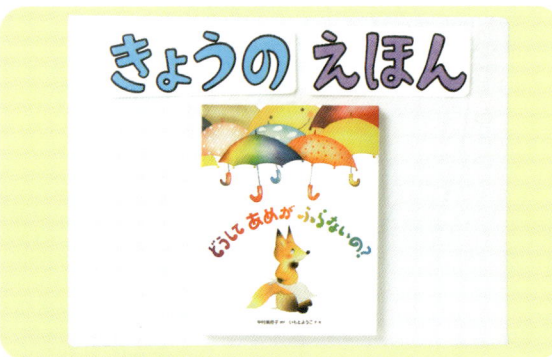

アレンジ5 カウントダウンパネル

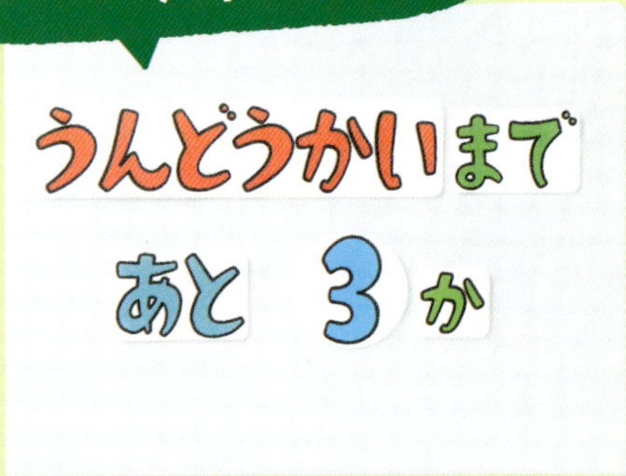

うんどうかいまで
あと 3 か

運動会や生活発表会でのカウントダウンも!

ほかにも園の生活の流れや行事に合わせて、
オリジナルパネルを作って、活用してみてください。

❷ ハンドパネルで遊ぼう

お手軽ハンドパネルを使って子どもたちと遊んでみましょう。
子どもとの距離が近いので、会話など
子どもたちとのやりとりがたっぷり楽しめます。
いろんな遊びに発展できて何度も遊べる作品を
紹介しています。

② ハンドパネルで遊ぼう　うた遊び

所要時間 **3分**

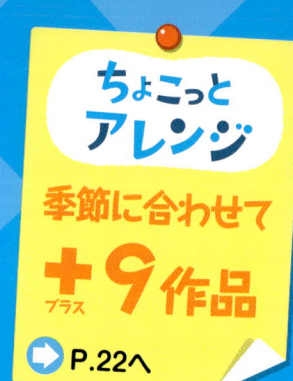

ちょこっとアレンジ
季節に合わせて
プラス **9作品**
→ P.22へ

みんなで楽しくうたおう

スタンダードな歌を一場面の絵人形で、子どもたちと楽しく歌いましょう。

用意するもの

絵人形
- チューリップ
- 小鳥
- かたつむり

→ 型紙はP.77～79

演じ方のポイント

★一場面の絵人形で歌えますから、楽しい会話を加えて気軽に楽しみましょう。
★時々子どもたちのリクエストにこたえたり、子どもにハンドパネルを持ってもらったりしてもよいでしょう。

〈演じ方〉

○ハンドパネルを出しながら。

保育者　みなさん今日から6月ですね。

（子どもたちの反応を受けて）

保育者　そう、いつものようにパネルシアターで歌いましょう。その前に聞いてみましょう。4月は何を歌いましたか？

（子どもたちの反応を受けて）

保育者　そうです。『チューリップ』でしたね。

○チューリップを出して。

保育者　ひさしぶりに『チューリップ』を歌ってみましょう。

（みんなで『チューリップ』（作詞／近藤宮子　作曲／井上武士）を歌う）

『チューリップ』を歌ってみましょう

2

保育者 きれいな声でした。
5月の『小鳥のうた』も
歌いたくなりましたね。

○チューリップと小鳥を入れ替えて。
（みんなで『小鳥のうた』（作詞／与田凖一
作曲／芥川也寸志を歌う）

保育者 とっても優しい声で
歌えました。

とっても優しい声で歌えました

3

○小鳥を外しながら。

保育者 さあ、6月は梅雨といって、
雨がたくさん降る月です。
その雨の大好きな
動物さんの歌です。

（子どもたちの反応を受けて）

保育者 かえるさんの歌かな？
かたつむりさんの歌かな？

○かたつむりを出して。

保育者 『かたつむり』でした。

『かたつむり』でした

4

保育者 それでは『かたつむり』を
歌いましょう。

（みんなで『かたつむり』（文部省唱歌）を歌う）

保育者 元気な声で歌えましたね。
6月は『かたつむり』を
たくさん歌いましょうね。
かたつむりさんありがとう。

○かたつむりを外す。

6月は『かたつむり』をたくさん歌いましょうね

おしまい

ちょこっとアレンジ

季節に合わせて ＋9作品

水あそびの季節には…実りの秋には…それぞれの季節に合わせたポピュラーソングを歌いましょう。

アレンジ1 夏

7月 みずあそび
作詞／東くめ　作曲／滝廉太郎

7月は『みずあそび』

8月 せみのうた
作詞／佐藤義美　わらべうた

8月は『せみのうた』です

ミーン
ミーン

9月 つき
文部省唱歌

9月は『つき』！

まんまる
お月様だね

アレンジ2 秋

10月 きのこ
作詞／まどみちお
作曲／くらかけ昭二

11月 まつぼっくり
作詞／広田孝夫
作曲／小林つや江

12月 お正月
作詞／東くめ
作曲／滝廉太郎

10月は『きのこ』です

11月は『まつぼっくり』

12月は『お正月』ですよ

アレンジ3 冬

1月 ゆきのペンキ屋さん
作詞／則武昭彦
作曲／安藤孝

2月 豆まき　えほん唱歌

3月 春が来た
作詞／高野辰之
作曲／岡野貞一

1月は『ゆきのペンキ屋さん』

2月は鬼は外〜！『豆まき』ですよ

3月は『春が来た』

お山もうれしそう♪

2 ハンドパネルで遊ぼう
うた遊び
みんなで楽しくうたおう

② ハンドパネルで遊ぼう　ことば遊び

所要時間 3〜5分

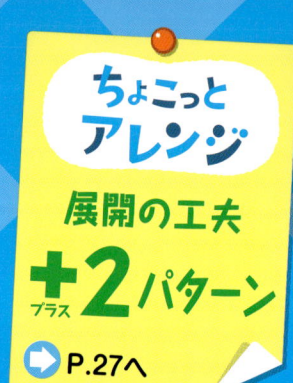

ちょこっとアレンジ
展開の工夫
プラス **+2**パターン
➡ P.27へ

ごろあわせ
今日は何の日

ごろあわせでいろいろな記念日が作られています。
ことば遊びとして話題にしてみましょう。

用意するもの

絵人形
- 7
- がつ
- 10
- か
- 納豆
- 8
- 4
- はし

➡ 型紙はP.73-74・79

演じ方のポイント

★どの記念日でも子どもたちと、楽しみやすい日から始めてみましょう。
★子どもたちになじみのある日を選ぶと楽しめます。

〈演じ方〉

○7・がつ・10・かを出して。

保育者 みなさん今日は7月10日ですね。今日は何の日か知っていますか？

（子どもたちの反応を受けて）

みなさん今日は7月10日ですね

○納豆を出しながら。

保育者　みんなの大好きな「納豆の日」だそうです。

○7と10を指さしながら。

保育者　どうして今日が納豆の日かというと、この7月の7は「なな」とも読みますね、10日の「とお」を合わせて「なっ、とお」で、納豆の日になったそうですよ。

○8・がつ・4・かを出して。

保育者　それではもうひとつ、ちょっと先ですが8月4日は何の日でしょう？

（子どもたちの反応を受けて）

4

○はしを出して。

子どもたち　「はしの日!」

保育者　そうです。
わたしたちがごはんを
食べるときに、
毎日お世話になる
「はしの日」です。

毎日お世話になる
「はしの日」です

よんは、
いち、に、さん、しの
「し」

○8と4を指さしながら。

保育者　このはちの「は」と、
よんは、いち、に、さん、しの
「し」を合わせて「は、し」で、
はしの日になったんだね。
こういうのを「ごろあわせ」
といいます。
まだたくさんおもしろい
「ごろあわせの日」がありますから、
楽しみにね。

まだたくさん
ありますから、
楽しみにね

おしまい

ちょこっとアレンジ　展開の工夫＋2パターン

家庭でも楽しめたり、子どもたちといろんな「ごろあわせ」でクイズをしたりと、さまざまな展開ができます。

アレンジ1　家庭につなげる

「お父さんやお母さんは、
今日が納豆の日だっていうことを
知っているかな？
おうちの方に今日は何の日か
クイズで聞いてみてください」などと
家庭につなげる話題にしてもよいでしょう。

おうちの方にクイズで聞いてみてください

アレンジ2　子どもと楽しめるごろあわせの日

1月15日	イチゴの日
2月9日	ふぐの日
2月10日	ニットの日
2月22日	ねこの日（ニャンニャンニャン）
3月3日	耳の日
4月28日	にわとりの日
5月30日	ごみゼロの日
6月4日	歯の衛生週間
7月23日	ふみの日
8月3日	はちみつの日
8月7日	鼻の日・花の日・バナナの日
8月31日	野菜の日
9月2日	くつの日
9月4日	くしの日
10月10日	釣りの日（トト）
11月10日	トイレの日（イイトイレ）　など

クイズを出したり、子どもたちとオリジナル記念日をつくったりしても楽しめます。

② ハンドパネルで遊ぼう　ジャンケン遊び

げんこつ山の たぬきさん

子どもたちの大好きな『げんこつ山のたぬきさん』。
発達に合った楽しみ方ができます。

所要時間 **3〜7分**

ちょこっとアレンジ
低年齢児で遊ぶ
＋1作品
➡ P.31へ

用意するもの

絵人形
- 草むら1
- 草むら2
- たぬき1（裏 グー）
- たぬき2（裏 チョキ）
- たぬき3（裏 パー）

型紙はP.80

演じ方のポイント

★ 勝ち負けが意識できる子どもたちには「今日は3回勝負ね」と回数を決めて楽しむとよいでしょう。
★ 遊び方がわかったら子どもたちの中からリーダーを募って遊んでも楽しいでしょう。

〈演じ方〉

○草むら1・2を出す。
保育者 ここは、げんこつ山の広場です。

○たぬき1・2・3を出しながら。
保育者 あらっ、だれかいましたよ。

（子どもたちの反応を受けて）
保育者 そう、たぬきさん。
しかも三つ子のたぬきさん。
かわいいね。

「ここは、げんこつ山の広場」
「三つ子のたぬきさんかわいいね」

2

保育者 みんなで
『げんこつ山のたぬきさん』
(わらべうた)で遊んで
みましょう。
1回練習です。

○ハンドパネルをひざに置き
（あるいはピアノなどに立てかけ)、
動作を入れながら楽しく歌う。

♪げんこつやまの　たぬきさん
　おっぱいのんで　ねんねして
　だっこして　おんぶして

おっぱいのんで
ねんねして

3

♪またあした

○たぬき1・2・3のうち、1枚を取り上げる。

保育者 みんなは、ジャンケンを
出したまま待っていてください。
このたぬきさんが出したのは…。

このたぬきさんが
出したのは…

4

○手にしたたぬきを裏返す。

保育者 グーでした。

(子どもたちの反応を受けて)

○挙手を求めながら。

保育者 勝った人！
負けた人！
あいこだった人！

グーでした

2 ハンドパネルで遊ぼう　ジャンケン遊び　げんこつ山のたぬきさん

|保育者| さあ、これから3回勝負の本番です。あとで何回勝ったか聞きますからがんばってくださいね。

※同様にグー・チョキ・パーを織り交ぜて遊ぶ。

これから3回勝負の本番です

チョキでした!

パーですよ!

〈遊び方〉

1 げんこつやまのたぬきさん
握りこぶしをつくり、左右交互に重ねる

2 おっぱいのんで
おっぱいを飲むしぐさをする

3 ねんねして
眠るしぐさをする

4 だっこして
赤ちゃんをだっこするしぐさをする

5 おんぶして
おんぶするしぐさをする

6 またあし
かいぐりをする

7 た
じゃんけんをする

だっこして♪

ちょこっとアレンジ

低年齢児で遊ぶ ＋1作品

低年齢児の子どもたちとは、同じグー・チョキ・パーを出すことを楽しみましょう。

アレンジ 低年齢の子どもたちの場合には

保育者 みんなの大好きな
『げんこつ山のたぬきさん』で遊びましょう。

○同様に動作を入れながら楽しく歌う。

♪ げんこつやまの たぬきさん
　 おっぱいのんで ねんねして
　 だっこして おんぶして
　 またあした

○たぬき1・2・3のうち、1枚を取り上げる。

保育者 かわいい手がたくさん上がりましたね。
このたぬきさんはパーです。
おんなじパーが出せた人！

○挙手を求める。

「このたぬきさんはパーです」

保育者 おんなじパーの人おめでとう。

○次のたぬきを取り上げて。

保育者 次のたぬきさんはチョキでした。
おんなじチョキが出せた人！

（子どもたちの反応を受けて）

保育者 おんなじチョキのお友達でした。

「おんなじチョキが出せた人！」

○残りのたぬきを取り上げて。

保育者 次のたぬきさんはグーでした。
おんなじグーが出せた人！

（子どもたちの反応を受けて）

保育者 おんなじグーのお友達でした。
もう1回遊んでみましょう。

「おんなじグーが出せた人！」

② ハンドパネルで遊ぼう　クイズ遊び

所要時間 5〜8分

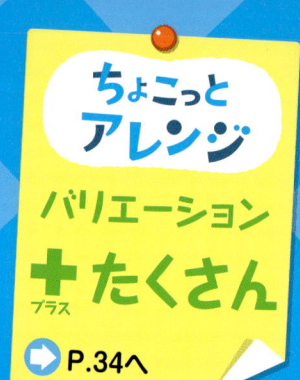

ちょこっとアレンジ
バリエーション＋たくさん
➡ P.34へ

シルエット クイズ クイズ

子どもたちが大好きなクイズ遊び。
ヒントを変えるといろいろな年齢で楽しめます。

用意するもの
絵人形
- シャンプー
- プリン

➡ 型紙はP.81

演じ方のポイント
★時間や子どもたちの興味に合わせて、遊ぶクイズの数を決めましょう。
★年齢に合わせて答えを引き出すヒントを出してあげましょう。

〈演じ方〉

1

保育者：ハンドパネルで遊びましょう。今日はみんなの大好きなクイズです。

○シャンプーのシルエットを出して。

保育者：ほら、何か影が出てきました。シルエットクイズです。それでは出しますよ。
♪クイズ　クイズ

子どもたち：♪なにが　クイズ

ほら、何か影が出てきました

2

保育者：「プー」といってもおならじゃないよ。お風呂でするプーって、なあに？
（子どもたちの反応を確かめて）

保育者：いろいろな答えが出ていますね。この影、シルエットともうひとつヒント。泡がたくさん出るプーです。

子どもたち：「シャンプー！」

○シルエットを裏返して答えを出しながら。

保育者：大当たり！　シャンプーでした。

大当たり！シャンプーでした

|保育者| 次のクイズです。
♪クイズ クイズ

|子どもたち| ♪なにが クイズ

○プリンのシルエットを出して。

|保育者| プリプリしているけど、
ちっとも恐くないよ。
おいしいプリって、なあに？

（子どもたちの反応を受けて）

プリプリ
しているけど…

|保育者| もうひとつヒント。
シルエットを見ながら
よく聞いてください。
おやつに最高です。

|子どもたち| 「プリン!」

○シルエットを裏返して
答えを出しながら。

|保育者| 大当たり！
プリンでした。

大当たり！
プリンでした

また、
シルエットクイズで
遊びましょう

|保育者| そろそろお帰りの時間です。
楽しかったね。
また、シルエットクイズで
遊びましょう。

ちょこっとアレンジ　バリエーション＋たくさん

ほかにもいろんなシルエットクイズで楽しみましょう。

1 水に浮く大きなドーナツって、なあに?
ヒント 食べられないけど、らくちんです。

答え うきわ

用意するもの
絵人形
- うきわ
- おにぎり
- なし
- たい焼き
- こま
- いす
- いちご
- ステーキ

→ 型紙はP.82

2 おにはおにでもつのなしおには、なあに?
ヒント 梅やおかかやシャケもあるおにだよ。
答え おにぎり

3 いいにおいがしているけれどないんだって。あるけどないものは、なあに?
ヒント みんなの大好きな果物です。
答え なし

4 たいはたいでも海にいないたいって、なあに?
ヒント おなかにあんこの詰まったたいだよ。
答え たい焼き

5 回っているときは立っていて、止まると転ぶものは、なあに?
ヒント ひもと、とっても仲よしです。
答え こま

6 みんなのおしりが大好きな4本足って、なあに?
ヒント みんなが毎日お世話になるものです。
答え イス

7 赤い服に緑の帽子、おしゃれな5(ご)さんて、だあれ?
ヒント デザートに出るとうれしいね。

答え いちご

8 みんなから「ステキ」って言われる人気者は、だあれ?
ヒント お夕飯に食べたいな。
答え ステーキ

※子どもたちの知っているクイズをシルエットクイズにしてあげて「今日はいしかわみさきちゃんが教えてくれたシルエットクイズです」などと紹介しても楽しいでしょう。

❸ パネルシアターを演じよう

この章では、基本のパネルを使った作品を紹介します。
ふだんの保育でも楽しめるものから、
誕生会や参観日などの行事でも活躍するもの、
またじっくりと聞かせたいお話など、計5作品です。

❸ パネルシアターを演じよう　誕生会

所要時間 3〜5分

お誕生日の しゃぼんだま

クラスの子の誕生会。朝の会などでお祝いしてあげましょう。
思い出に残りますよ。

ちょこっとアレンジ
誕生児の写真をはり替えて

用意するもの

絵人形
- うさぎ
- りす
- ぞう
- しゃぼんだま（小〜大を約20個くらい）
- 誕生児の写真
- 生まれた月日
- おたんじょうびおめでとうの文字の入った特製のしゃぼんだま

特製のしゃぼんだま　表／裏

➡ 型紙はP.83-84

演じ方のポイント

★誕生日の朝、みんなに祝ってもらうのはまた格別の喜びです。心を込めてお祝いしてあげましょう。
★最後の"♪おたんじょうび おめでとう"でタイミングよく大きなしゃぼんだまを裏返します。

〈演じ方〉

1

| 保育者 | 今日は○月○日○曜日。○○組さんにお誕生日のお友達がいますね。 |

（子どもたちの反応を受けて）

| 保育者 | そうです。ゆづきちゃん。 |

○うさぎを出しながら。

| 保育者 | うさぎさんがゆづきちゃんのお祝いに来てくれましたよ。みんなで、しゃぼんだまを膨らませて、お祝いしましょう。 |

うさぎさんがお祝いに来てくれましたよ

2

保育者 さあ、歌います。

○動作を入れながら『おたんじょうびの しゃぼんだま』歌いだす。

♪うさぎさんとね
　しゃぼんだまを ふくらまそう
　プップク プクプク
　プクプク プー

♪うさぎさんとね しゃぼんだまを ふくらまそう

3

○しゃぼんだまをはりながら。

♪おたんじょうびの しゃぼんだま

おたんじょうびの しゃぼんだま

〈遊び方〉

〈1番〉

1 うさぎさんとね
両手を頭に
うさぎの耳をつくる

2 しゃぼんだまを ふくらまそう
左手でしゃぼんだま液の容器をつくり、右手でストローをつけるしぐさをする

3 プップクプクプク プクプクプー
両手でストローを持ち、左右に揺れながら、しゃぼんだまを膨らませる

4 おたんじょうびの しゃぼんだま
両手をキラキラさせながら下におろす

〈2番〉

1 りすさんとね
両手を胸の前に
りすのポーズ

〈3番〉

1 ぞうさんとね
右手をぞうの鼻のように振る

7 おたんじょうび おめでとう
拍手を8回する

3 パネルシアターを演じよう　誕生会　お誕生日のしゃぼんだま

4

○りすを出しながら。

保育者 りすさんも
来てくれましたよ。

♪りすさんとね
　しゃぼんだまを　ふくらまそう
　プップク　プクプク
　プクプク　プー

> プップク　プクプク
> プクプク　プー

> おたんじょうびの
> しゃぼんだま

○しゃぼんだまをはりながら。

♪おたんじょうびの　しゃぼんだま

5

○ぞうを出しながら。

保育者 ぞうさんもお祝いに
来てくれました。

♪ぞうさんとね
　しゃぼんだまを　ふくらまそう
　プップク　プクプク
　プクプク　プー

> ぞうさんとね

○誕生児の特製のしゃぼんだまを
　はりながら。

♪おたんじょうびの　しゃぼんだま

「おたんじょうびの しゃぼんだま」

6

○誕生児の特製のしゃぼんだまを
　裏返す。

♪おたんじょうび　おめでとう

保育者　みなさん、拍手！
ゆづきちゃん、
前に出てきてください。

（インタビューなどを行なう）

「みなさん、拍手！」

「おしまい」

おたんじょうびのしゃぼんだま

作詞／阿部　恵　　作曲／佐藤　千賀子

1. うさぎさんと　ねね
2. りすさんと　ねね
3. ぞうさんと　ねね

しゃぼんだまを　ふくらまそう

プップクプクプクプクプー　おたんじょうの

しゃぼんだま　おたんじょうび　おめでとう

❸ パネルシアターを演じよう
誕生会
お誕生日のしゃぼんだま

パネルシアターを演じょう　集会・いつでも　所要時間 3〜5分

ドレミのうたで遊ぼう

動作入りの楽しいうた遊び。子どもも大人も楽しめます。
保護者の集まりなどで演じると、いっぺんに和やかな雰囲気になります。

ちょこっとアレンジ
『ドレミのうた』をもっと楽しむ
プラス +2 パターン
➡ P.45へ

用意するもの

絵人形
- ど
- れ
- み
- ふぁ
- そ
- ら
- し

➡ 型紙はP.85-86

演じ方のポイント

★最初は歌詞の確認や動作の説明をしながら、ゆっくりと進めます。
★リードする保育者の明るい歌声と、テキパキとした動作は楽しさを倍増させてくれます。

〈演じ方〉

1

○どの絵人形を持ちながら。

保育者　みんなで『ドレミのうた』という歌をうたいましょう。
知らない人も、楽しい歌ですからすぐに覚えられますよ。
これは、ドーナツですね。

（子どもたちの反応を受けて）

保育者　そうです。
上に「ど」と書いてありますね。

「ど」と書いてありますね

2

保育者 ですから、最初は…

○ゆっくり歌いながらパネルにはる。

♪ドは ドーナツのド

保育者 と、歌います。
いっしょに歌いましょう。

○子どもたちといっしょに歌う。

♪ドは ドーナツのド

> ドは
> ドーナツの

3

保育者 じょうずです。次は…。

（以下同様にそれぞれの絵人形を出しながら）

♪レは レモンのレ
　ミは みんなのミ
　ファは ファイトのファ
　ソは あおいそら
　ラは ラッパのラ
　シは しあわせよ

> ミは
> みんなのミ

> シは
> しあわせよ

保育者 最後は、

♪さあ うたいましょう

保育者 と、歌います。

4

保育者 それでは、最初から
歌ってみましょう。

（絵人形を指さしながら最初から通して歌う）

保育者 じょうずに歌えました。

> 最初から
> 歌ってみましょう

3 パネルシアターを演じよう
集会・いつでも

ドレミのうたで遊ぼう

5 保育者　今度は、動作を入れて遊んでみましょう。最初は拍手を7回しながら歌います。

♪ド は ドーナツのド

「ドは ドーナツのド」

「レは レモンのレ…」

保育者　次は、おじぎ、礼をしながら

♪しは レモンのし…

保育者　と、歌います。

（以下、このように動作をゆっくり入れながら遊ぶ）

「ミは みんなのミ…」

6 保育者　できましたね。こんどは、通して歌ってみましょう。

（動作入りで、通して歌う）

「ラは ラッパのラ…」

7

保育者 そうです。そして…

（動作入りで歌う）

♪ドレミファソラシド ドシラソファミレド
　ドミミ ミソソ レファファ ラシシ
　ソドラ ファ ミドレ
　ソドラ シドレド

（吹き出し）ドミミ　ミソソ　レファファ　ラシシ

（吹き出し）ちゃんとついてこれましたか？

保育者 さあ、こんどは、最初から続けて遊んでみましょう。

（動作入りで、通して歌う）

保育者 楽しかったですね。ちゃんとついてこれましたか？また遊びましょう。

（吹き出し）おしまい

〈遊び方〉

1 ドはドーナツのド
拍手7回

2 シはレモンのシ
おじぎをする

3 ミはみんなのミ 
耳を持って左右に揺れる

4 ファはファイトのファ 
ガッツポーズを左右4回する

5 ソはあおいそら
両手を空に向けて左右に揺らす

6 ラはラッパのラ
パーにした手をつなげてラッパを吹くポーズ4回

7 シはしあわせよ
両手をクロスさせて左右に体を揺らす

③ パネルシアターを演じよう　集会・いつでも　ドレミのうたで遊ぼう

ドレミのうた

日本語詞／ペギー葉山　作曲／リチャード・ロジャース

元気よく

ド は ドーナツ の ド　レ は レモン の レ ー
ミ は みんな の ミ　ファ は ファイト の ファ ー
ソ は あおいそら ー　ラ は ラッパ の ラ ー
シ は しあわせよ ー　さあ うたいましょう ー
ド レ ミ ファ ソ ラ シ ド　ド シ ラ ソ ファ ミ レ
ド ミ ミ　ミ ソ ソ　レ ファ ファ　ラ シ シ　ド ミ ミ
ミ ソ ソ　レ ファ ファ　ラ シ シ　ソ　ド　ラ　ファ　ミ
ド　レ　ソ　ド　ラ　シ　ド　レ　ド ー

DO-RE-MI
Lyrics by Oscar Hammerstein II
Music by Richard Rodgers
Copyright © 1959 by Richard Rodgers and Oscar Hammerstein II
Copyright Renewed
WILLIAMSON MUSIC owner of publication and allied rights throughout the world
International Copyright Secured　All Rights Reserved

ちょこっとアレンジ

『ドレミのうた』をもっと楽しむ ＋2パターン

子どもたちの興味や年齢に合わせていろいろな楽しみ方をしてみましょう。

アレンジ1 スピードの変化で

最初はゆっくり。慣れて動作を覚えたら、
だんだん早くして遊んでみましょう。
最後はゆっくり遊ぶと、
高揚した気持ちが落ち着き、
次の活動につながります。

アレンジ2 絵人形を作ってみよう

子どもたちといっしょに
絵人形を考えて作ってみても楽しいですよ。

3 パネルシアターを演じよう
集会・いつでも
ドレミのうたで遊ぼう

❸ パネルシアターを演じよう　バス遠足・いつでも

ゆかいな バスごっこ

所要時間 **5分**

ちょこっとアレンジ
歌詞を変えて
プラス **+1作品**
➡ P.51へ

子どもたちに人気の「バスごっこ」。大型バスがゆかいな中型バスや小型バスになります。楽しく遊びましょう。遠足の目的地まで行き先を決めて、お話しながらも遊べます。

用意するもの

絵人形
- 大型バス
- 中型バス
- 小型バス
- ミニバス
- ジャンボバス

➡ 型紙はP.87-88

演じ方のポイント

★ 大・中・小・ミニ・ジャンボの動作をメリハリをつけて楽しみましょう。
★ 子どもたちの意見や考えも聞きながら乗りたいバスを決めて遊んでもよいでしょう。

〈演じ方〉

1

○大型バスを出して。

保育者　大型バスがあります。
運転士はくまのおじさん。
こんな大型バスに乗りたいね。
みんなもお客さんになって
『バスごっこ』で遊びましょう。

（子どもたちの反応を受けて）

保育者　みんな乗りましたか？

運転士はクマのおじさん

46

2 ○動作を入れて楽しく遊ぶ。

保育者 さあ、しゅっぱつでーす！

〈1番〉
♪おおがたバスに のってます
　きっぷをじゅんに わたしてね

おおがたバスに のってます ♪

♪おとなりへ（ハイ）おとなりへ（ハイ）
　おとなりへ（ハイ）おとなりへ（ハイ）
　おわりの ひとは ポケットに！

おわりの
ひとは
ポケットに！

〈2番〉
♪おおがたバスに のってます
　いろんなところが みえるので
　よこむいた（ア）うえむいた（ア）
　したむいた（ア）うしろむいた（ア）
　うしろのひとは ねむった！

おおがたバスに のってます

〈3番〉
♪おおがたバスに のってます
　だんだんみちが わるいので
　ごっつんこ（ドン）ごっつんこ（ドン）
　ごっつんこ（ドン）ごっつんこ（ドン）
　おしくらまんじゅう ギュッギュッギュッ！

3 パネルシアターを演じよう
バス遠足・いつでも
ゆかいな バスごっこ

3

|保育者| わぁ、楽しかったね。

○中型バスを出しながら。

|保育者| あれ・・・。
今度はちょっと小さい
中型バス。
ぶたの運転士さん。
女性の運転士さんですよ。
中型バスにも乗って
みましょう。

（子どもたちの反応を受けて）

> 女性の運転手さんですよ

〈遊び方〉

〈1番〉

1 おおがたバスに のってます きっぷをじゅんに わたしてね
ハンドルを握って運転しているようす

2 おとなりへ
拍手3回

3 ハイ
となりの人に切符を渡すように

4 おわりのひとは 
拍手8回

5 ポケットに!
ポケットに入れている

〈2番〉 ❶❷❹ は1番と同じ

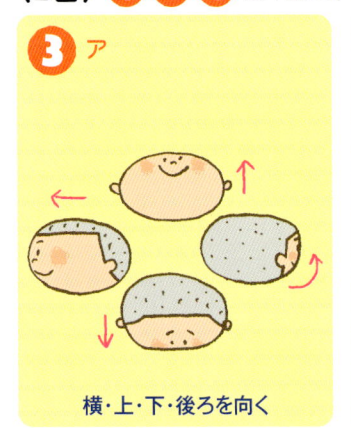

3 ア
横・上・下・後ろを向く

5 ねむった!
両手を合わせて寝ているポーズ

〈3番〉 ❶❷❹ は1番と同じ

3 ドン
隣の人と両手ハイタッチ

5 ギュッギュッギュッ!
腕を組んで体を揺らす感じ

4

保育者　それでは乗せてもらいます。
でも、中型バスですから
少しきゅうくつですよ。
少しくっついて。
さあ、しゅっぱーつ！

少し小さくきゅうくつそうにしながら。

🗨 ちゅうがたバスに のってます

🗨 おとなりへ おとなりへ

♪ ちゅうがたバスに のってます
　きっぷをじゅんに わたしてね
　おとなりへ（ハイ）おとなりへ（ハイ）
　おとなりへ（ハイ）おとなりへ（ハイ）
　おわりの ひとは ポケットに！

※2番・3番も歌う。

バスごっこ

作詞／香山 美子　作曲／湯山 昭

おおがたバスに のってます
1. きっぷをじゅんに わたしてね
2. いろんなとこが みえるので
3. だんだんみちが わるいので

おとなりへ ハイ　おとなりへ ハイ　おとなりへ ハイ　おとなりへ ハイ
よこむいた アドン　うえむいた アドン　したむいた アドン　うしろむいた アドン
ごっつんこ　　　　ごっつんこ　　　　おしくらごっつんこ　　ごっつんこ

おわりの ひとは　　　　ポケットに！
おうしりの ろく のら　　　ねーむった！
おしくら　ひま じゅ　　　ギュッ ギュッ ギュッ！

3 パネルシアターを演じよう
バス遠足・いつでも
ゆかいな バスごっこ

※以下同様に、小型バス・ミニバス・
　ジャンボバスなどで遊ぶ。

♪小型バスに のってます
　きっぷをじゅんに わたしてね
　おとなりへ（ハイ）おとなりへ（ハイ）
　おとなりへ（ハイ）おとなりへ（ハイ）
　おわりの ひとは ポケットに！

♪小型バスに のってます♪

♪ミニミニバスに のってます
　きっぷをじゅんに わたしてね
　おとなりへ（ハイ）おとなりへ（ハイ）
　おとなりへ（ハイ）おとなりへ（ハイ）
　おわりの ひとは ポケットに！

ミニミニバス こんなに ちいさい！

♪ジャンボバスに のってます
　きっぷをじゅんに わたしてね
　おとなりへ（ハイ）おとなりへ（ハイ）
　おとなりへ（ハイ）おとなりへ（ハイ）
　おわりの ひとは ポケットに！

保育者　楽しかったね。
　　　　また、遊びましょう。

♪ジャンボバスに のってます♪

おしまい

ちょこっとアレンジ

歌詞を変えて ＋1作品(プラス)

ジャンボバスやミニミニバスなど、それぞれの大きさに合った歌詞を考えて遊ぶとさらに盛り上がります。

アレンジ　歌詞を少し変えて

歌詞にアレンジを加えることで
さらに盛り上がることまちがいなし！
ジャンボバスやミニミニバスなどそれぞれのバスに合った歌詞や
動作を考えてオリジナルのバスごっこを楽しみましょう。

例　ジャンボバス

ジャンボバスに乗って、ジャンボバスの
大きな窓から見える景色を子どもたちと
考えてみても楽しいですよ。

♪ジャンボバスに　のってます
　まどがとっても　おおきくて
　やまみえた（ア）　かわみえた（ア）
　うみみえた（ア）　ふじさんみえた（オオー）

「やまみえた　かわみえた」

ほかにも動物園や水族館、
園の近くにあるものなど
出し合って楽しみましょう。

「ジャンボバス、楽しいね」

③ パネルシアターを演じよう　バス遠足・いつでも　ゆかいなバスごっこ

③ パネルシアターを演じよう　秋・集会・いつでも

所要時間 **15分**

びっくりおいも

おじいさんの見つけた大きな葉っぱのツル。
引っ張る協力者が増えるごとに、どんなおいもが抜けるのか子どもたちの期待がどんどん膨らみます。

演じ方のポイント
★ 次々と登場人物が出てくるところにおもしろさがあります。テンポ良く進めましょう。
★ おいもを引っ張る場面では、保育者が積極的にリードします。子どもたちもいつの間にか体が動いて声が出ていたというようになればいいですね。

用意するもの

絵人形
- おじいさん
- 畑
- びっくりおいも
- おばあさん
- 太郎
- ぶた
- うさぎ　●にわとり
- ふかしいも　●やきいも
- だいがくいも　●おいものてんぷら
- いもようかん　●ちゃきんしぼり
- あり　●うす　●うすの中のおもち

畑の中においもをセット
うすの中におもちをセット

➡ 型紙はP.89〜92

〈演じ方〉

1
ナレーション あるところに、おじいさんがいました。
○おじいさんを出す。

「おじいさんがいました」

ナレーション ある日、おじいさんは畑に春植えたおいものようすを見に行きました。
○おいもをセットした畑を出す。

「おいものようすを見に行きました」

2

ナレーション すると、ひとつだけ大きな葉っぱのツルがありました。

おじいさん 「これはよさそうな、おいものツルだ。ひとつおいもを掘り起こしてみよう」

○おじいさんをおいものつるのほうへ移す。

うんとこしょ どっこいしょ

ナレーション おいもの好きなおじいさんですから、こんなふうなかけ声で引っ張りました。

ふーかしいもは おいしいよ

○保育者が引っ張る動作を入れながらテンポよく。

♪ うんとこしょ どっこいしょ
　ふーかし いもは
　おいしいよ ホラ
　うんとこしょ ハイ
　どっこいしょ

3

ナレーション でもなかなか抜けません。そこで、おばあさんを呼びました。

おじいさん 「おばあさんや、手伝っておくれ！」

○おばあさんを出す。

でもなかなか抜けません

はい、はい お手伝いしますよ

おばあさん 「はい、はい。 お手伝いしますよ」

○おばあさんをおじいさんの後ろにつける。

4

ナレーション おじいさんの後ろにおばあさんがつきました。
おばあさんもおいもは大好きでしたから、
こんなふうに引っ張りました。
さあ、引っ張りますよ。

○保育者が引っぱる動作を入れて。

♪うんとこしょ どっこいしょ
　やーき いもは
　おいしいよ ホラ
　うんとこしょ ハイ
　どっこいしょ

（吹き出し）やーき いもは おいしいよ ホラ

5

ナレーション でもやっぱり抜けません。
そこで、孫の太郎を呼びました。

○太郎を出す。

おじいさん「太郎や、手伝っておくれ!」

太郎「うん。お手伝いするよ」

○太郎をおばあさんの後ろにつける。

ナレーション 太郎もおいもは大好きです。
さあどんなふうに引っ張ったでしょう?

○同様に。

♪うんとこしょ どっこいしょ
　だいがく いもは
　おいしいよ ホラ
　うんとこしょ ハイ
　どっこいしょ

（吹き出し）太郎や、手伝っておくれ!

6

ナレーション まだ抜けません。
今度は、ぶたを呼びました。

○ぶたを出す。

おじいさん「おーい、手伝っておくれ!」

ぶた「ブーブー、お手伝いします」

○ぶたを太郎の後ろにつける。

ナレーション ぶたも、もちろん
おいもが大好きです。

♪うんとこしょ どっこいしょ
　おいもの てんぷら
　おいしいよ ブー
　うんとこしょ ブー
　どっこいしょ

（吹き出し）うんとこしょ ブー どっこいしょ

7

| ナレーション | まだまだ抜けません。今度は、うさぎを呼びました。 |

○同様に。

| おじいさん | 「おーい、手伝っておくれ!」 |
| うさぎ | 「ピョンピョン、お手伝いします」 |

まだまだ抜けません

| ナレーション | うさぎもにんじんの次においもが大好きです。 |

♪うんとこしょ どっこいしょ
　いもようかんは
　おいしいよ ピョン
　うんとこしょ ピョン
　どっこいしょ

ピョンピョン、お手伝いします

8

| ナレーション | どうしても抜けません。残りは、にわとりです。 |

○同様に。

| おじいさん | 「おーい、手伝っておくれ!」 |
| にわとり | 「コケコッコー、お手伝いします」 |

残りは、にわとりです

| ナレーション | にわとりもおいもが大好きです。 |

♪うんとこしょ どっこいしょ
　ちゃきんしぼりは
　おいしいよ コッコ
　うんとこしょ コッコ
　どっこいしょ

ちゃきんしぼりは
おいしいよ コッコ

3 パネルシアターを演じよう 秋・集会・いつでも びっくりおいも

9

○ふかしいも、やきいも…と順に出す。

おじいさん	「やっぱりだめだ…。せっかくおいしいふかしいもが食べられると思ったのに…」
おばあさん	「やきいもが食べられると思ったのに…」
太　郎	「だいがくいもが食べられると思ったのに…」
ぶ　た	「おいものてんぷらが食べられると思ったのに…」
うさぎ	「いもようかんが食べられると思ったのに…」
にわとり	「ちゃきんしぼりが食べられると思ったのに…」
ナレーション	みんながっかりしていると、ありがやってきて言いました。

○ありをおじいさんの近くに出す。

ちゃきんしぼりが食べられると思ったのに…

10

あ　り	「うすが力持ちだよ。うすに頼むといいよ」
ナレーション	そこでみんなでうすを呼びました。
みんな	「おーい、手伝っておくれ!」
う　す	「うーす、手伝うぞ」

○うすを出す。

| ナレーション | うすがやって来ました。 |

うーす、手伝うぞ

| ナレーション | おじいさんの後ろにはおばあさん、おばあさんの後ろには太郎、ぶた、うさぎ、にわとり、うす、と続きました。 |

○順につなげる。

| ナレーション | ありもうすの後ろにつきました。 |

ありもうすの後ろにつきました

11

ナレーション みんなで力を合わせて引っ張ります。

♪ うんとこしょ どっこいしょ
　おいもは なんでも
　おいしいよ ウス
　うんとこしょ ウス
　どっこいしょ

○繰り返す。

ナレーション 今までちっとも動かなかったおいもが、ぐらぐらと動き始めたかと思うと…

（吹き出し）力を合わせて引っ張ります
（吹き出し）うんとこしょ どっこいしょ

12

ナレーション スポーンと抜けました。

○おいもを畑の中から出す。

ナレーション 大きな大きなおいもです。みんなびっくりしました。

うす 「これはびっくりおいもだ」

ナレーション うすはにこにこ顔になりました。

○目のしかけを動かして笑い顔にする。

（吹き出し）スポーンと抜けました
（吹き出し）にこにこ顔になりました

ナレーション みんな大喜び。これだけ大きなおいもだと、どんなお料理にもできますね。

（吹き出し）みんな大喜び

おしまい

3 パネルシアターを演じよう
秋・集会・いつでも
びっくりおいも

③ パネルシアターを演じよう　集会・いつでも　所要時間 13分

三匹のやぎ

わくわくドキドキの繰り返しが楽しい北欧の民話です。
展開もパネルシアターにピッタリ。
劇遊びにもすぐに発展しそうですね。

演じ方のポイント
★三匹のやぎ、それぞれの声の変化を少し意識してみましょう。トロルは少し恐い声で演じます。
★『はしわたりのうた』も、三匹に声やテンポで変化をつけると繰り返しが生きてきます。

用意するもの

絵人形
- 小さなやぎ
- 中くらいなやぎ
- 大きなやぎ
- 崖1
- 崖2
- 谷川
- 丸木橋
- トロル
- 草むら1
- 草むら2
- 草むら3
- 小さなやぎの太った胴体
- 中くらいなやぎの太った胴体
- 大きなやぎの太った胴体

➡ 型紙はP.93〜95

〈演じ方〉

1

○小さなやぎ・中くらいなやぎ・大きなやぎを順に出しながら。

ナレーション ある山に、小さなやぎ、中くらいなやぎ、大きなやぎの三匹のやぎの兄弟が住んでいました。
ある日、三匹は向こうの山においしい草を食べに行きたいと話し合いました。
でも、向こうの山に行くには、谷に架かっている細い丸木橋を渡らなくてはいけません。
それから、橋の下には恐いトロルという怪獣も住んでいるのです。

「三匹のやぎの兄弟が住んでいました」

2

○小さなやぎ・中くらいなやぎを大きなやぎに近付けて。

小さなやぎ	「お兄さん行こうよ。細い橋ならぼく渡れるよ！」
中くらいなやぎ	「行こう、トロルなんて恐くないよ！」
ナレーション	弟たちに言われて、大きなやぎは考えました。
大きなやぎ	「よし、それなら兄さんの言うとおりにするんだぞ…」

（吹き出し）細い橋ならぼく渡れるよ！

○大きなやぎの顔を二匹に近づけ、ヒソヒソ声で。

ナレーション	ヒソヒソヒソヒソ、ヒソヒソヒソヒソ…。
小さなやぎ	「うん、それはいい。ぼくが最初だね」
中くらいなやぎ	「さすがお兄ちゃん。ぼくが2番目に渡るんだね」

（吹き出し）ヒソヒソヒソヒソ、ヒソヒソヒソヒソ…

3

○中くらいなやぎと大きなやぎを外して。

| ナレーション | 最初は小さなやぎが橋を渡ることになりました。 |

○崖1・崖2・谷川・丸木橋・トロルを順に出しながら場面を構成する。

| ナレーション | 小さなやぎが歩いてくると、崖がありました。崖の下は川が流れています。そして、崖と崖の間には丸木橋が架かっています。それからこの橋の下には、こんなに恐いトロルという怪獣も住んでいました。 |

（吹き出し）こんなに恐いトロルという怪獣も住んでいました

3 パネルシアターを演じよう　集会・いつでも　三匹のやぎ

4

○小さなやぎを丸木橋に乗せて。

小さなやぎ　「わあ、細い橋だな。
　　　　　　　気をつけて渡ろう」

○歌いながら小さなやぎを移動させる。

♪そっと　そっと　そっとね
　いそぐと　たにそこ　おっこちる
　そっと　そっと　そっとね

「そっと　そっと　そっとね」♪

5

ナレーション　ちょうど橋の真ん中まで
　　　　　　　来たときです。

○トロルの口を開けながら。

トロル　「こら、まて!
　　　　　だれだ、おれ様の橋を
　　　　　だまって渡るやつは」

小さなやぎ　「で、でたー。
　　　　　　　あのー、小さなやぎです」

トロル　「なんだと、小さなやぎだと。
　　　　　お前みたいなやつは
　　　　　食ってしまうぞ!」

「こら、まて!」

「ま、まって　ください…」

小さなやぎ　「ま、まってください。
　　　　　　　ぼくのすぐ後から、
　　　　　　　ぼくよりもっと大きくて
　　　　　　　もっとおいしいやぎが来るから、
　　　　　　　そっちを食べてください」

トロル　「なにー、もっと大きくて
　　　　　もっとおいしいやぎだって…。
　　　　　よし、それならそっちを食おう。
　　　　　お前は渡っていい」

○小さなやぎを反対の山のほうに移動させながら。

ナレーション　小さなやぎはお兄さんの教えてくれた
　　　　　　　とおりに言って、無事に橋を渡ることが
　　　　　　　できました。

6

○中くらいなやぎを出して
　丸木橋の上に乗せる。

ナレーション　続いてやってきたのは、
　　　　　　　中くらいなやぎです。

中くらいなやぎ　「これはお兄ちゃんが言ったとおり
　　　　　　　細い橋だ。落ちないように
　　　　　　　気をつけて渡ろう」

○歌いながら中くらいなやぎを移動させる。

♪そっと そっと そっとね
　いそぐと たにそこ おっこちる
　そっと そっと そっとね

ナレーション　ちょうど橋の真ん中まで来たときです。
　　　　　　　また、トロルが言いました。

○トロルの口を開けながら。

（落ちないように気をつけて渡ろう）

トロル　「こら、まて！
　　　　　だれだ、おれ様の橋を
　　　　　だまって渡るやつは」

中くらいなやぎ　「で、でたー。
　　　　　　　あのー、中くらいなやぎです」

トロル　「なんだと、中くらいなやぎだと。
　　　　　お前みたいなやつは
　　　　　食ってしまうぞ！」

中くらいなやぎ　「ま、まってください。
　　　　　　　ぼくのすぐ後から、
　　　　　　　ぼくよりもっともっと大きくて
　　　　　　　もっともっとおいしい
　　　　　　　やぎが来るから、
　　　　　　　そっちを食べてください」

（だれだ、おれ様の橋をだまって渡るやつは）

トロル　「なにー、もっともっと大きくて
　　　　　もっともっとおいしい
　　　　　やぎだって…。
　　　　　よし、それならそっちを食おう。
　　　　　お前は渡っていい」

○中くらいなやぎを反対の山のほうに移動させながら。

ナレーション　中くらいなやぎも
　　　　　　　お兄さんの教えてくれた
　　　　　　　とおりに言って、無事に
　　　　　　　橋を渡ることができました。

（無事に橋を渡ることができました）

3 パネルシアターを演じよう
集会・いつでも
三匹のやぎ

61

7

○大きなやぎを出して
　丸木橋の上に乗せる。

ナレーション　最後にやってきたのは、
　　　　　　　大きなやぎです。

大きなやぎ　「これは細い、
　　　　　　気をつけて渡ろう」

○歌いながら大きなやぎを移動させる。

♪ そっと そっと そっとね
　いそぐと たにそこ おっこちる
　そっと そっと そっとね

「いそぐと たにそこ おっこちる」

ナレーション　ちょうど橋の真ん中まで来たときです。
　　　　　　　またまた、トロルが言いました。

○トロルの口を開けながら。

トロル　「こら、まて！
　　　　だれだ、おれ様の橋を
　　　　だまって渡るやつは」

大きなやぎ　「このおれか、
　　　　　　おれは大きなやぎだ」

トロル　「大きなやぎだと。
　　　　よし、お前を食ってやる！」

大きなやぎ　「なんだと、このおれこそ
　　　　　　お前みたいな悪者は、
　　　　　　やっつけてやる」

「お前みたいな悪者は、やっつけてやる」

8

○大きなやぎの角をトロルのほうに向けて。

ナレーション　大きなやぎはそう言うと、
　　　　　　　大きな角をトロルの方に向けて、
　　　　　　　橋の上からトロルの胸を目がけて
　　　　　　　跳びかかりました。

○大きなやぎの角をトロルに向け
　2〜3回突き刺す。

大きなやぎ　「えい、えい、えい！」

「えい、えい、えい！」

○トロルを逆さにして谷底へ落としながら。

ナレーション 大きなやぎの勇敢で強いこと…。
トロルは「うわぁ———！」と、
谷底に落ちて行きました。

「うわぁ———！」

9

小さなやぎ 「やったー」

中くらいなやぎ 「やっぱりお兄ちゃんは
すごいや」

大きなやぎ 「さあ、おいしい草を
食べに行こう！」

○小さなやぎ・中くらいなやぎ・大きなやぎを
順に外して重ねて持ちながら。

ナレーション 三匹のやぎは
山に向かいました。

○残りの崖1・崖2・谷川・丸木橋も外す。

「やったー」

10

○草むら1・草むら2・草むら3を出しながら。

ナレーション 三匹のやぎが
着いたところには、
柔らかくておいしそうな
草がどこまでも…。

○小さなやぎ・中くらいなやぎ・大きなやぎを
順に出しながら。

小さなやぎ 「わー、おいしいしそうな
草がたくさん。
うん、これはおいしい！」

中くらいなやぎ 「ほんとだ、おいしいなー」

大きなやぎ 「どれどれ…。
うーん、おいしい」

「どれどれ…
うーん、おいしい」

3 パネルシアターを演じよう
集会・いつでも
三匹のやぎ

11

ナレーション 三匹のやぎは、みんなでゆっくり食べました。

○小さなやぎの太った胴体をはりながら。

ナレーション 小さなやぎはおいしい草をたくさん食べたので、こんなに太りました。

○中くらいなやぎの太った胴体をはりながら。

ナレーション 中くらいなやぎもおいしい草をたくさんたくさん食べたので、こんなに太りました。

「おいしい草をたくさんたくさん食べたので」

「こーんなに太ったんだってさ」

○大きなやぎの太った胴体をはりながら。

ナレーション 大きなやぎもおいしい草をたくさんたくさんたくさん食べたので、こーんなに太ったんだってさ。三匹のやぎのお話、これで お・し・まい。

おしまい

はしわたりのうた

作詞／阿部 恵　作曲／家入 脩

そっ と そっ と そっ と ね　いそぐ と たに そこ
おっ こ ち る　そっ と そっ と そっ と ね

パネルシアターを作ろう！演じよう！

ここでは絵人形の作り方や演じ方、保存のしかたなどを紹介します。保育者が中心になって子どもたちに向かって演じるというイメージの強いパネルシアターですが、子どもたちも絵人形を作って演じて楽しむことができます。絵人形の作り方や演じ方のコツをつかんで、子どもたちのハートもがっちりつかみましょう！

- 絵人形の作り方 ➡ P.66
- 絵人形の保存方法 パネルの作り方 ➡ P.67
- 舞台設定のポイント ➡ P.68
- ハンドパネルの使い方 ➡ P.69
- 演じ方のポイント ➡ P.70

絵人形の作り方

ここでは、基本的な絵人形の作り方を紹介します。
しかけのある絵人形の作り方は、
それぞれの型紙ページをご覧ください。

用意するもの

- パネルシアター用不織布（厚口・並口）　●鉛筆
- ポスターカラーや水性顔料マーカー（ポスカやマジックアクアテックツイン）など　●油性フェルトペン
- ハサミ　●不織布用のり、または 木工用接着剤

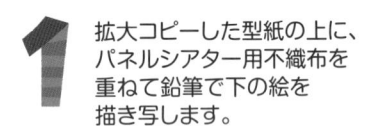

1 拡大コピーした型紙の上に、パネルシアター用不織布を重ねて鉛筆で下の絵を描き写します。

2 写した絵に着色して、よく乾かします。

3 乾いたら油性フェルトペンで輪郭を縁取り、余白を切り落としてでき上がり。

両面を使用する場合

- **表裏同じ絵柄のとき**
  厚口の不織布に表裏描けます。

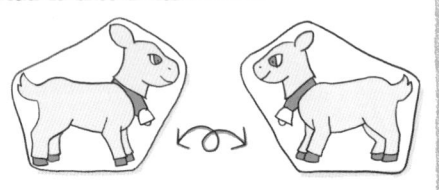

- **表裏異なる絵柄のとき**
  並口の不織布に表と裏を別々に描きます。裏写りを防ぐためコピー用紙などを間に挟み、表と裏をはり合わせて余白を切り落としましょう。

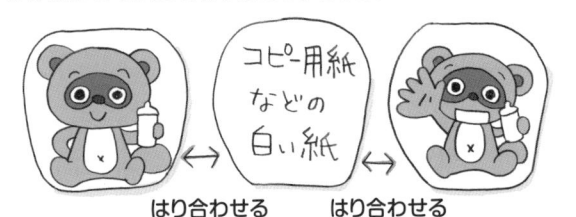

はり合わせる　←　コピー用紙などの白い紙　→　はり合わせる

しかけのある絵人形

- **動く絵人形**
  口や首、手などが動くようにする場合は糸留めします。

  木工用接着剤で留めることもあります。

- **絵人形 on 絵人形**
  絵人形の上に何かをはる場合は、パネル布を裏打ちします。

  パネル布
  木工用接着剤

絵人形の保存方法

不織布は、折りぐせや曲がりぐせがすぐにつき、
一度つくとなかなか直らないので
保管の際は気をつけましょう。

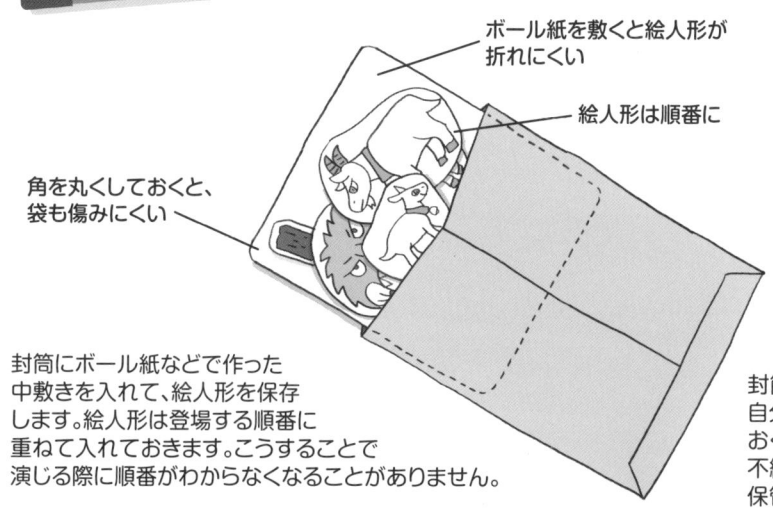

- ボール紙を敷くと絵人形が折れにくい
- 絵人形は順番に
- 角を丸くしておくと、袋も傷みにくい
- 出す順番に書いておくと出すときもかたづけるときも便利

封筒にボール紙などで作った中敷を入れて、絵人形を保存します。絵人形は登場する順番に重ねて入れておきます。こうすることで演じる際に順番がわからなくなることがありません。

封筒の表に作品名や製作年月日、原作者名、自分の名前、絵人形を出す順番などを書いておくと便利です。
不織布は湿気に弱いので、湿気の少ない場所に保管するようにします。

パネルの作り方

基本パネルとハンドパネルの簡単な作り方を紹介します。
基本パネルは、横110cm×縦80cmです。
ハンドパネルは、横55cm×縦40cmです。

用意するもの
- スチロールパネルや段ボールなど
- パネル布
- クラフトテープ

1 スチロールパネルや段ボールをパネルの大きさに切ります。
※段ボール単体でも作れますが、段ボールを縦目横目で2枚重ね合わせたり、ボール紙などを重ねたりすると、よりじょうぶに作れます。

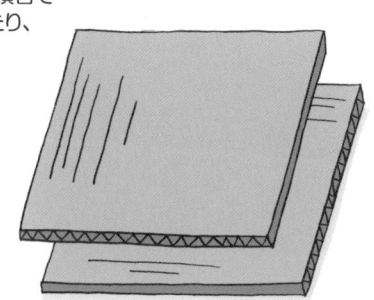

2 段ボールよりも大きく切ったパネル布を、図のようにクラフトテープではり付けて完成。

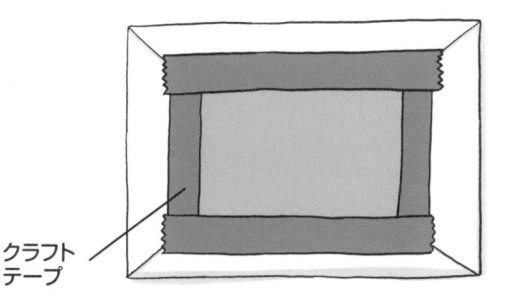

クラフトテープ

パネルシアターを作ろう！演じよう！

舞台設定のポイント

舞台をきっちりと設置することも、パネルシアター成功への第一歩です。

※市販のパネル舞台もあります。

基本パネル 110cm×80cm

大型積み木など

POINT 1
舞台の高さ
子どもの目線を考えましょう。
幼児用の机の上に作った舞台でしたら、子どもは床に座ります。

POINT 2
舞台の角度
パネルには傾斜をつけると絵人形が落下しにくくなります。

POINT 3
絵人形を置く
パネルの裏に絵人形を置くスペースを取ります。
子どもから見えない位置がよいでしょう。

POINT 4
舞台前のスペース
舞台前を1mくらいあけておきます。
演じるときに前に出ることもあるからです。

ハンドパネルの使い方

手で持って手軽に演じられるハンドパネルシアター。
だからこそ、使い方をしっかりとマスターしましょう。

ハンドパネルの持ち方
左手でハンドパネルの中央を持ち、左肩を押さえにして安定させます。

ハンドパネル
55cm×40cm

演者の位置
幼児用のイスやピアノのイスに座ります。じゅうたんの上などに座っても、子どもとのやりとりが楽しめます。

絵人形を置く
ひざ上や、右脇にイスを置いてお菓子などの空き箱に絵人形を入れて演じます。
（子どもから絵人形が見えにくい）

お当番活動がより楽しく
ハンドパネルを掲示板のように固定して、「おとうばんコーナー」にしてみましょう。日付やお天気などの絵人形をお当番がはり替えます。「早くお当番が回ってこないかな」と、お当番の仕事が楽しみな活動に変わります。

パネルシアターを作ろう！演じよう！

演じ方のポイント

演じ方のポイント、基本の4つを紹介します。

POINT 1 演者の立ち位置

演者の人数や利き手にもよりますが、ひとりで演じる場合は、基本的には利き手側に演者は立つようにします。右手が利き手ならパネルに向かって右側です。

POINT 2 絵人形のはり方

絵人形は堂々とパネルの前に出てはりましょう。はりやすいように背中を向けることや、時にはパネルの前に立って演じることもあります。しぜんな動きで演じることが肝心です。また絵人形は、はり付ける（押し付ける）のではなく、画面にそっと置く感覚で行ないましょう。

POINT 3 絵人形が落ちたときの対処法

はり絵なので落ちてあたりまえと思って慌てないことです。流れを中断せず、歌ったり話したりしながら拾って元に戻します。「ひっかかって落ちちゃった」などと言わず、しぜんの流れの中で対処します。

POINT 4 動きや表情

子どもたちはパネルだけを見ているのではありません。演者の動きや表情とともにパネルの世界を楽しんでいます。ですから、表情豊かに、子どもとのかかわりやふれあいを大切に演じましょう。

パネルシアター型紙

型紙ページの使い方

- この型紙は基本の作品についてはすべて200％に拡大コピーをして使うとちょうどよい大きさになります。アレンジ作品については400％拡大で使用できます。
使用場面やお持ちのパネルに合わせて、拡大・縮小してお使いください。
- まず、全体を原寸大でコピーして必要な絵人形（1〜2つ）を選んで切り分けそれから拡大するとむだなく拡大できます。
- 厚口の指示があるものは厚口の不織布を使用するとよいものですが、並口でも作れます。
- 点線（……）は、絵人形製作の最後で余白を切り取る線です。
- 基本の作り方（P.66）以外は、それぞれの型紙ページに作り方を載せています。

ハンドパネルで楽しもう P.8

はじめましてよろしくね！

この型紙は、200%拡大して使用してください。

200%拡大

↳ 名前のカード
（あ・べ・ゆ・き・の）

※自分の名前のカードを
これらを参考に作ってみましょう。

あ　べ
ゆ　き　の

↑ オムライス

↑ イチゴ

↑ 保育者自身の絵

↑ 飛行機

↑ アイス
クリーム

↑ アイアイ

ハンドパネルで楽しもう P.12 — 今日のお天気なあに

この型紙は、200%拡大して使用してください。

200%拡大

1 10
2 3 4 5
6 7 8 9

がつ
にち たち か
げつ か

作り方

1. 不織布に直径約10cmの円を描く。（型紙を写しても、コンパスなどで描いてもOK）
2. 拡大コピーした数字を円の中におさめるように写す。
3. 着色し、ハサミで切り取り完成。

型紙

すいもく
きんど
ようび

⬇ はれ

⬆
くもり

⬅ あめ

ゆき ➡

⬇ かみなり

ハンドパネルで楽しもう P.16 — 楽しく伝えよう

この型紙は、200%拡大して使用してください。

200%拡大

↑ おべんとう

↑ コップ

↑ タオル

↑ 水着

型紙

ハンドパネルで楽しもう P.18	楽しく伝えよう アレンジ

この型紙は、400％拡大して使用してください。

400％拡大

↑ ハンカチ・ティッシュ

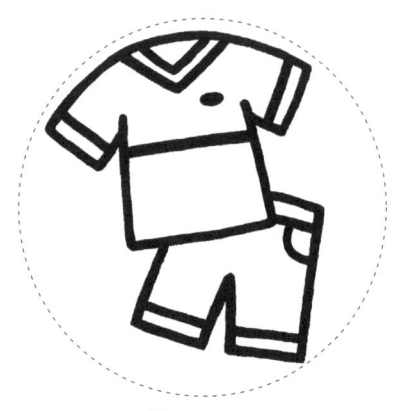

↑ ぼうし

↑ スモック

↑ 体操着

きょうの
あしたの
あしたは
おとうばん
おやすみ
もちもの
かみしばい
おてんき
えほん
あと
おたんじょうび

ハンドパネルで遊ぼう　みんなで楽しくうたおう
P.20

この型紙は、200%拡大して使用してください。

200%拡大

→ 4月 チューリップ

→ 5月 小鳥

型紙

200% 拡大 ← 6月 かたつむり

400% 拡大 → 8月 せみのうた

← 7月 みずあそび

↑ 9月 つき　　↑ 10月 きのこ　　↑ 11月 まつぼっくり

← 12月
お正月

→ 1月
ゆきの
ペンキ屋さん

400%拡大

← 2月
豆まき

→ 3月
春が来た

ハンドパネルで遊ぼう P.24

ごろあわせ 今日は何の日

この型紙は、200%拡大して使用してください。

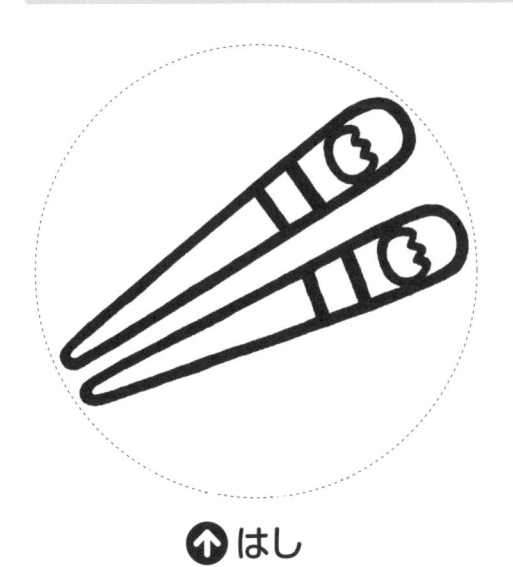

200%拡大

↑ はし

納豆 →

型紙

ハンドパネルで遊ぼう P.28 げんこつ山のたぬきさん

この型紙は、200%拡大して使用してください。

200%拡大

↑ 草むら1

↑ 草むら2

↑ たぬき表

↑ たぬき裏／グー

表裏はり合わせ

↑ たぬき裏／チョキ

↑ たぬき裏／パー

表裏はり合わせ

※たぬき表は共通です。
裏写りを防ぐためにコピー用紙など白い紙を間に挟み、表と裏をはり合わせます。

ハンドパネルで遊ぼう P.32 — シルエット クイズ クイズ

この型紙は、200％拡大して使用してください。

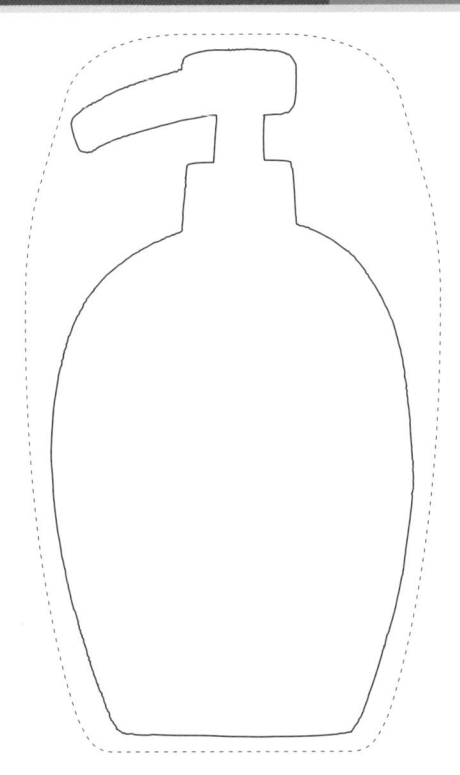

200％拡大

← シャンプー シルエット表

※表のシルエットは、裏の絵人形の外枠をなぞり、中に色を入れて作成します。
　裏写りを防ぐためにコピー用紙などの白い紙を間に挟み、表と裏をはり合わせます。

↑ シャンプー裏

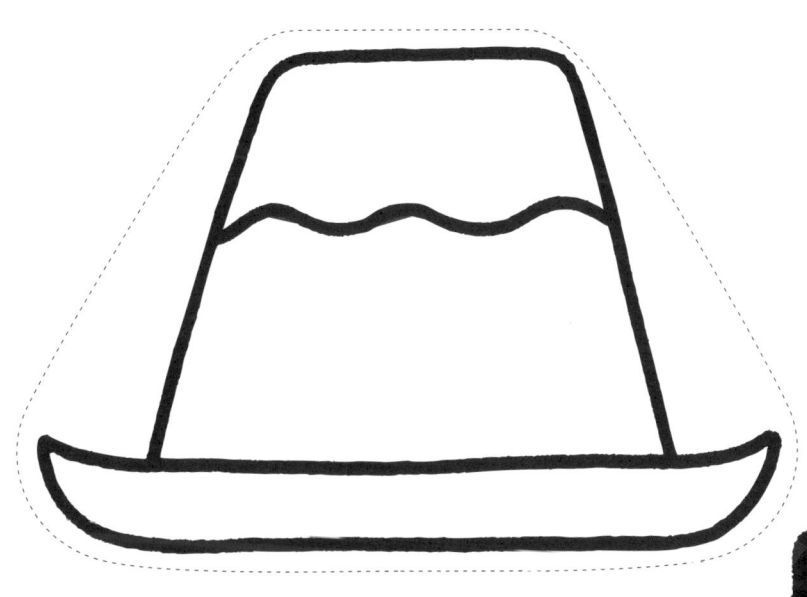

↑ プリン裏

型紙

⇧ うきわ

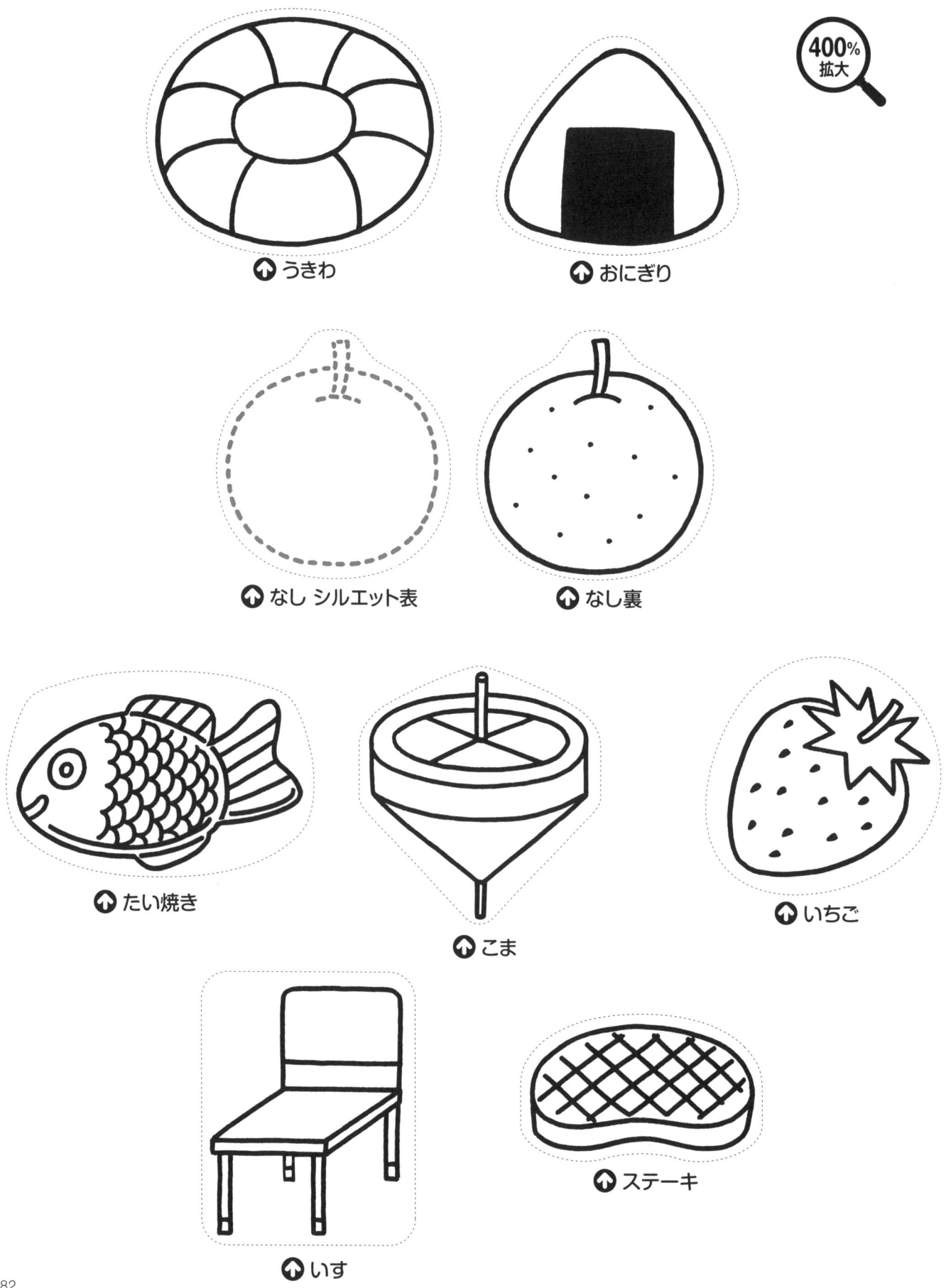

⇧ おにぎり

⇧ なし シルエット表

⇧ なし 裏

⇧ たい焼き

⇧ こま

⇧ いちご

⇧ いす

⇧ ステーキ

400% 拡大

パネルシアターを演じよう **P.36**

お誕生日のしゃぼんだま

この型紙は、**200%拡大**して使用してください。

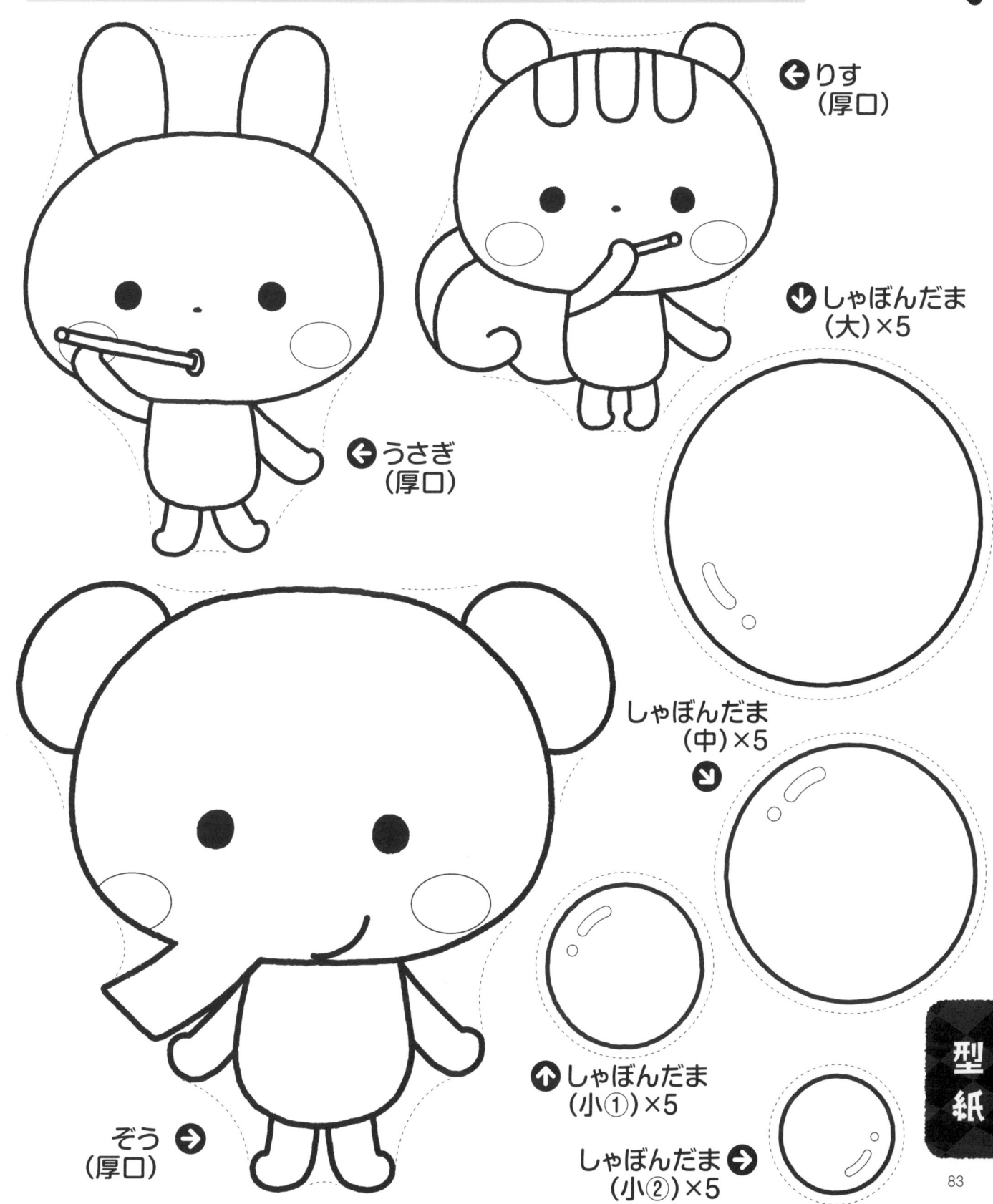

200%拡大

← りす（厚口）

↓ しゃぼんだま（大）×5

← うさぎ（厚口）

しゃぼんだま（中）×5 ↓

↑ しゃぼんだま（小①）×5

ぞう → （厚口）

しゃぼんだま → （小②）×5

型紙

おたんじょうび特製しゃぼんだま裏

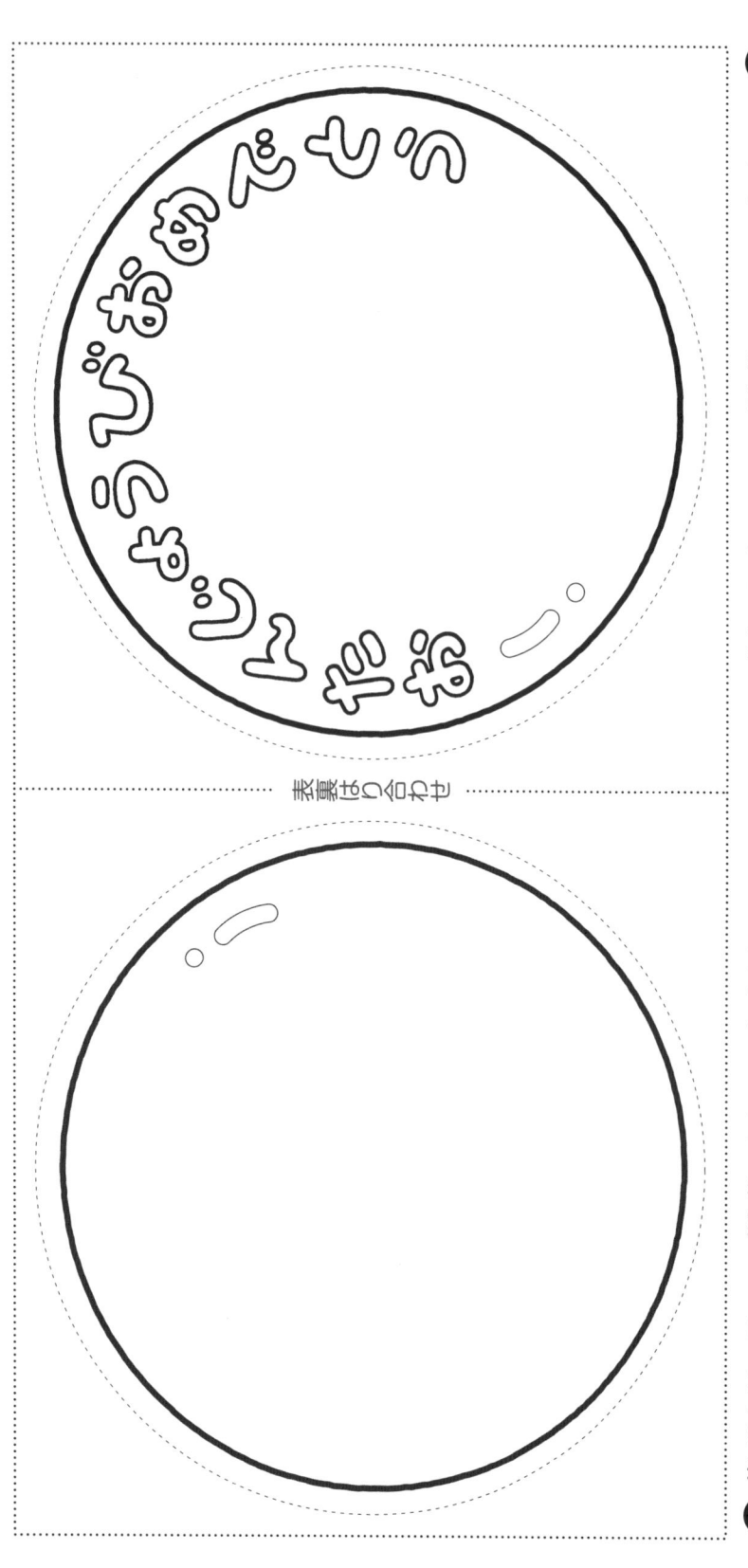

おたんじょうび特製しゃぼんだま表

用意するもの
- 誕生児の写真
- 誕生児の名前と生まれた月日を描いた紙
- 両面テープ など

作り方
特製しゃぼんだまの裏面に誕生児の写真と誕生児の名前、生まれた月日を描いた紙をはり付けて完成。

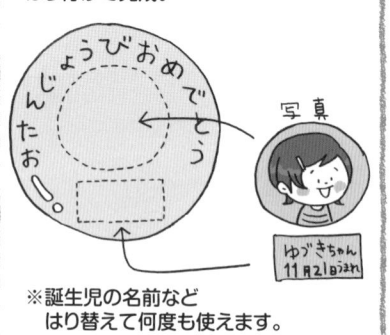

※誕生児の名前などはり替えて何度も使えます。

パネルシアターを演じよう P.40 ドレミのうたで遊ぼう

この型紙は、200%拡大して使用してください。

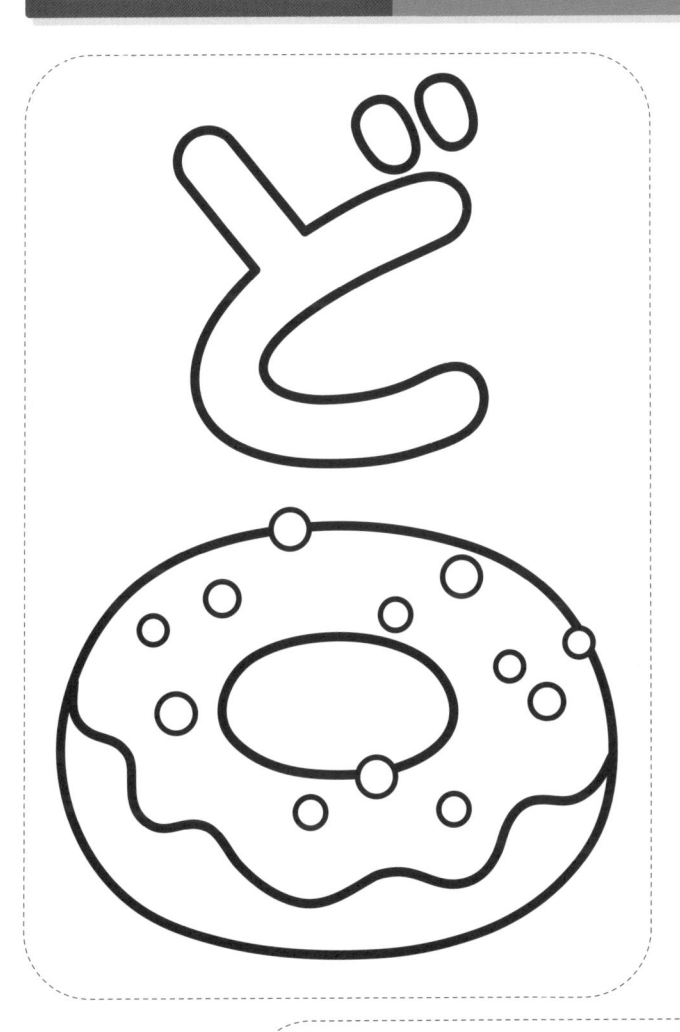

200%拡大

ど

れ

み

※ど・れ・み・ふぁ・そ・ら・し、すべて厚口の不織布で作ります。

型紙

ふぁ	そ
ら	し

パネルシアターを演じよう P.46 — ゆかいなバスごっこ

この型紙は、**200%拡大**して使用してください。

← 大型バス（厚口）

← 中型バス（厚口）

型紙

🔍 200%拡大

← 小型バス（厚口）

← ミニバス（厚口）

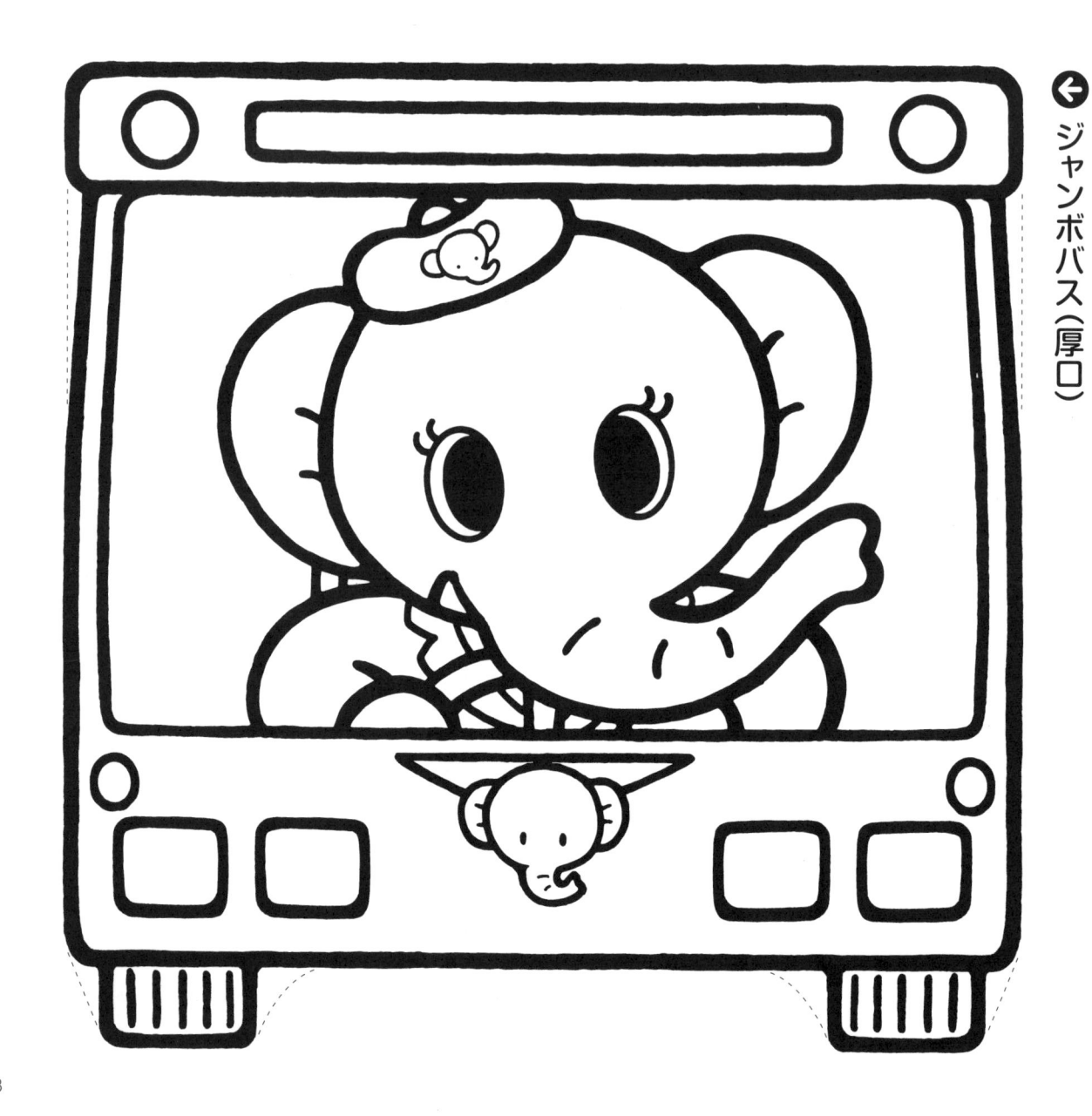

← ジャンボバス（厚口）

パネルシアターを演じよう P.52 びっくりおいも

この型紙は、200%拡大して使用してください。

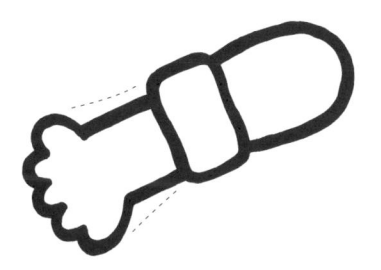

200%拡大

のりしろ（手）

↑ おじいさん（厚口）

↑ おじいさんの手（厚口）
※木工用接着剤で
のりしろの部分にはり付ける

↓ 畑

※パネル裏打ち（裏にパネル布を木工用接着剤ではる）

型紙

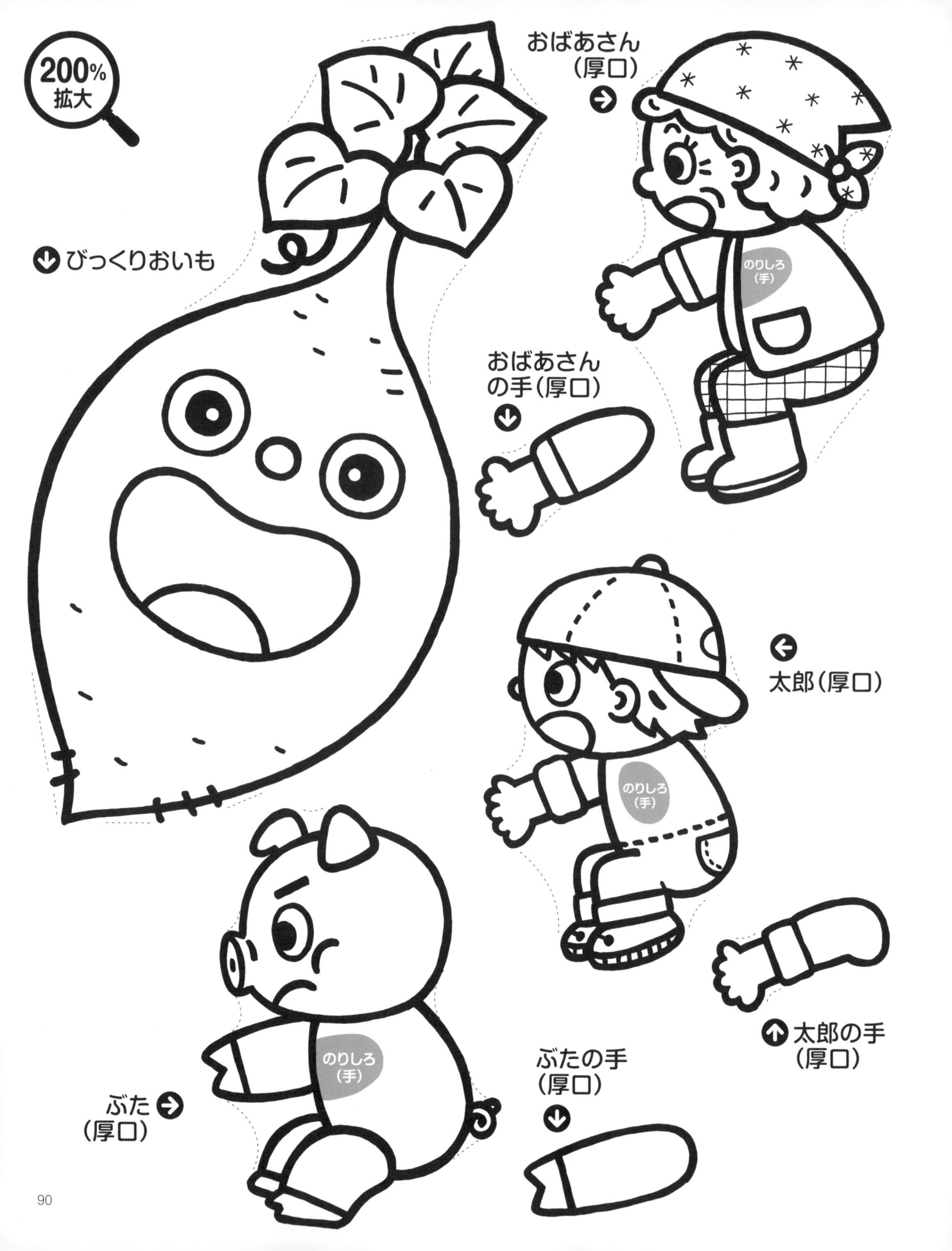

200%拡大

↓びっくりおいも

おばあさん（厚口）→

おばあさんの手（厚口）↓

←太郎（厚口）

のりしろ（手）

ぶた（厚口）→

ぶたの手（厚口）↓

↑太郎の手（厚口）

↑うさぎの手（厚口）

にわとり➔（厚口）

のりしろ（手）

←にわとりの手（厚口）

↑うさぎ（厚口）

やきいも↑

↑ふかしいも

←大学いも

型紙

↓いもようかん

↑おいものてんぷら

200%拡大

↓あり（厚口）

↑ちゃきんしぼり

切込み

切り抜き　切り抜き

のりしろ（手）

←うすの手（厚口）

↑うす（厚口）

↑うすの中のおもち（厚口）

パネルシアターを演じよう P.58 — 三匹のやぎ

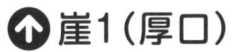

この型紙は、200%拡大して使用してください。

200%拡大

↑小さなやぎ（厚口）
※両面に同じ絵を描く

↑中くらいなやぎ（厚口）
※両面に同じ絵を描く

大きなやぎ（厚口）↓↓↓
○印同士重ねて糸留め（頭が前面）
◎印同士重ねて糸留め（胴体が前面）

↑崖1（厚口）

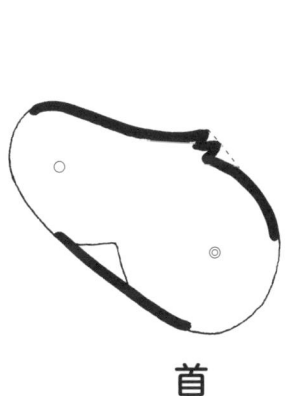

頭　首 　胴体

型紙

↑ 崖2（厚口）

↑ 谷川（厚口）

↑ 丸木橋右
（厚口）

↑ 丸木橋左
（厚口）

※丸木橋は右と左をつなげて
　型紙として使用してください。

トロル（厚口）⬇⬇
○印同士重ねて糸留め
（頭が前面）

200%拡大

草むら1⬇
（厚口）

⬆草むら2（厚口）

⬆草むら3（厚口）

⬆小さなやぎの
太った胴体

⬆中くらいなやぎの
太った胴体

⬆大きなやぎの太った胴体

型紙

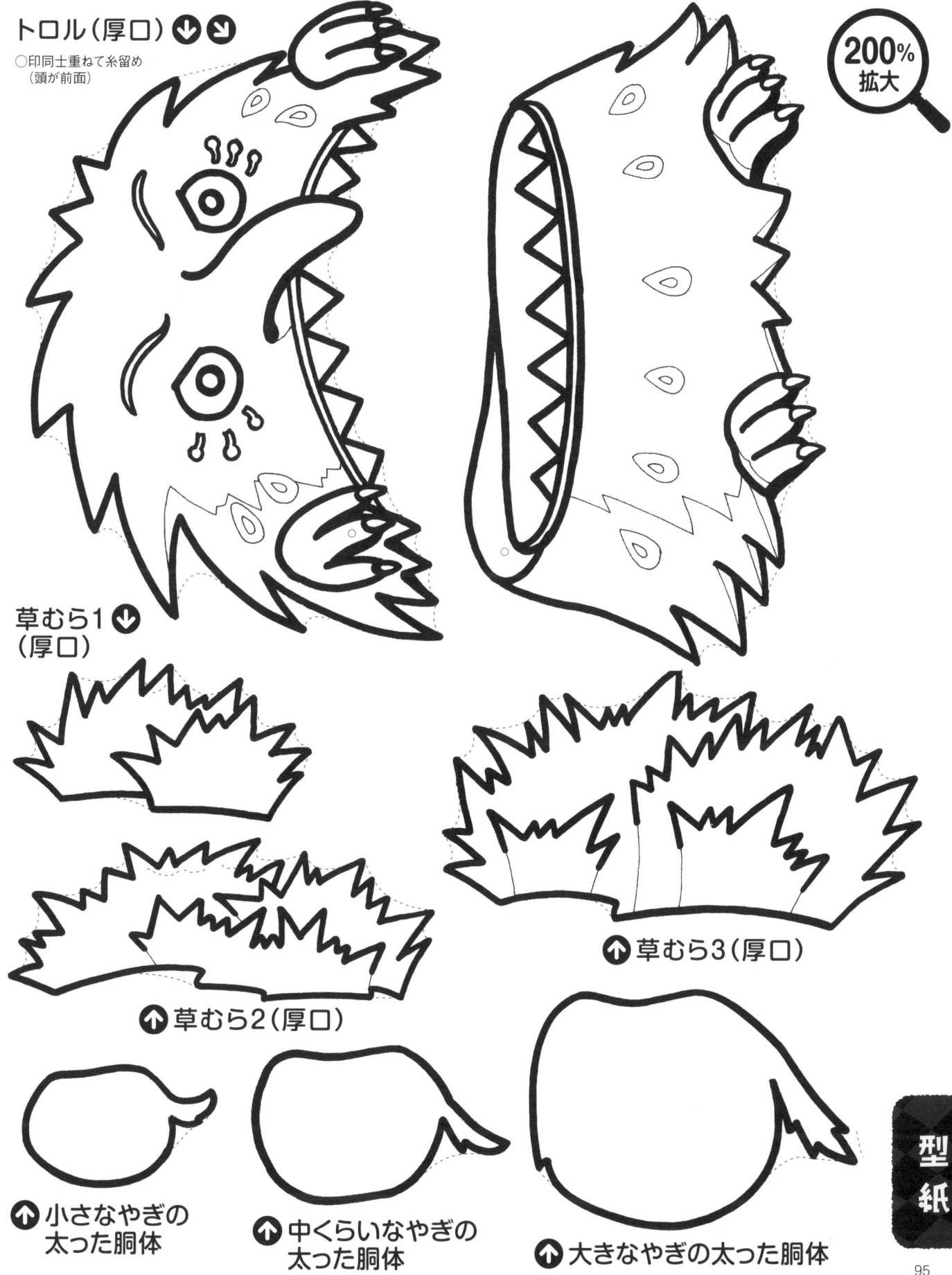

※小・中・大の胴体にはパネル布裏打ち

著者
阿部 恵(あべ めぐむ)
道灌山学園保育福祉専門学校保育部長
道灌山幼稚園主事

協 力
[楽 譜] 佐藤千賀子

スタッフ
[製 作]
坂本直子
きそけんじ
毛利洋子
コダイラヒロミ
小島みはる
菊地清美
アンヴィル奈宝子

[イラスト]
早原りさこ
常永美弥
いそのみつえ

[写 真]
佐久間秀樹(アサヒフォトスタジオ)
今泉邦良(アイマックス)

[楽譜浄書]
株式会社 福田楽譜

[本文レイアウト]
はやはらよしろう・早原りさこ
(Office 446)

[企画・編集]
岡本舞・安藤憲志

[校 正]
堀田浩之

本書を代行業者等の第三者に依頼してスキャンやデジタル化することは、たとえ個人や家庭内の利用であっても著作権法上認められておりません。

アレンジ♡たっぷり
パネルシアター

2010年9月 初版発行
2019年7月 第9版発行

著 者　阿部 恵
発行人　岡本 功
発行所　ひかりのくに株式会社
〒543-0001　大阪市天王寺区上本町3-2-14
電話　06-6768-1155　郵便振替00920-2-118855
〒175-0082　東京都板橋区高島平6-1-1
電話　03-3979-3112　郵便振替00150-0-30666
ホームページアドレス　http://www.hikarinokuni.co.jp

印刷所　NISSHA株式会社

©2010　乱丁、落丁はお取り替えいたします。
JASRAC 出　1010189-909

Printed in Japan
ISBN 978-4-564-60766-0
NDC 376　96p　26×21cm